孩子的敏感是宝藏

把『高敏感』变成『高天赋』

李小妃 著

航空工业出版社
北京

内容提要

本书通过对“高敏感”儿童的特征进行分析与解读，向家长们科普“高敏感”的概念与特点，帮助家长正确认识孩子的敏感特性，避免进入育儿误区，让更多的家长能够对这一性格特征有深入的了解，教会家长如何面对高敏感的孩子，并对他们进行正确的引导，也让大众读者了解高敏感不是一种“异常”，而是可以转化成性格优势的“宝藏”。

图书在版编目（CIP）数据

孩子的敏感是宝藏 ：把“高敏感”变成“高天赋”／李小妃著．-- 北京 ：航空工业出版社，2023.11

ISBN 978-7-5165-3503-5

Ⅰ．①孩… Ⅱ．①李… Ⅲ．①家庭教育－教育心理学 Ⅳ．① G780

中国国家版本馆 CIP 数据核字（2023）第 186086 号

孩子的敏感是宝藏：把“高敏感”变成“高天赋”

Haizi de Mingan shi Baozang:

Ba Gaomingan Biancheng Gaotianfu

航空工业出版社出版发行

（北京市朝阳区京顺路 5 号曙光大厦 C 座四层　100028）

发行部电话：010-85672688　010-85672689

天津睿和印艺科技有限公司印刷　　全国各地新华书店经售

2023 年 11 月第 1 版　　2023 年 11 月第 1 次印刷

开本：710 × 1000　1/16　　字数：193 千字

印张：15　　定价：54.00 元

前言

高敏感是一种天赋

你是否有过这样的经历？

对身边的气味特别敏感，别人觉得很OK，而你却觉得难以忍受，甚至呼吸不畅只想逃离。

喜欢独处，不喜欢热闹的地方，听到嘈杂的人声就心跳加快，甚至有点头晕。

敏感多疑，凡事想太多，爱钻牛角尖，被人说成是玻璃心。

总是怀疑自己，觉得自己做得不好，特别在意别人的评价，身边人不经意的一句话也能让你想半天。

觉得孤独没人理解。

共情能力强，容易被感动，像个“爱哭鬼”。

现代社会竞争激烈，常常让人感到压力山大，而有以上经历的朋友会比一般人要承受更大的考验，他们常常被人误解，觉得自己很怪，和别人不一样，甚至还会出现心理问题。而归根究底，这些经历和感受在他们小时候就出现了。由于家长的不重视和忽视、不懂和误解，儿童时期被人说成是“缺陷”，这些感受随着年龄的增长逐渐加深，又被身边的人贴上“怪人”的标签。

其实这不是“缺陷”，也不是“怪”和“特殊”，而是“高敏感型人格”的一种体现。

全世界每五个人中，就有一个是“高敏感者”，具有高敏感人格，他们对细微的事物非常敏感，也常常被人贴上“敏感”“玻璃心”和“特殊”的标签。同样，每五个孩子中就有一个高敏感的儿童。

我始终认为，孩子的世界就是非常干净的一张纸，给他温暖和关爱，鼓励和呵护，他的世界就是色彩斑斓的，充满正能量和希望。如果给他冷漠和疏远，甚至暴力和伤害，那么他的整个人生都会处于阴影当中，悲惨无比。

拥有高敏感特质的孩子，他们的这种天赋是否能实现转化，敏感成为弱点还是优势，父母的教育至关重要。

好的家庭教育来自父母的言传身教，是一棵树摇动另一棵树，一朵云推动另一朵云，一个灵魂唤醒另一个灵魂。对于高敏感的孩子而言，父母的影响力则更为巨大。高敏感的孩子心思比较细腻，容易被一些小事影响情绪。由于他们不会表达自己的为难，陷入负面情绪的黑洞后无法自救，他们经常被身边的人误解和忽视。如果孩子的痛苦一直得不到舒缓，他们的敏感得不到父母的重视，那么他们就会很容易形成心理创伤，整个童年都仿佛被阴云笼罩。

面对高敏感儿童，父母首先要意识到高敏感是孩子与生俱来的天赋。

美国著名的心理学家伊莱恩·阿伦博士是高敏感心理学研究的先驱，她认为，高敏感人群在出生时就具有一种特殊的神经系统，可以更深入地感知和处理接收到的信息。通过调查发现，世界上有15%到20%的人是高敏感者。如果高敏感孩子在童年时期能得到正确的引导和教育、这些高敏感行为能够被恰当地对待，那么就能避免由此产生的负面情绪，不会给孩子留下童年阴影。

阿伦博士还认为，与其长大后再干预孩子的高敏感行为，抚平他们心灵上的伤痕和阴影，不如在儿童时期就开始着手预防问题的发生，这样会让问题变得更加简单。

孩子的问题，再小也是大事，需要父母足够的重视。

父母一定要在童年时期就给予高敏感孩子足够的关爱，理解他们的小敏感，并且坚信他们的敏感力可以得到转化，让孩子的敏感真正成为一种天赋，挖掘他们的敏感宝藏。

如果你的孩子天性敏感，会因为一件小事受刺激，经常被负面情绪困扰，爱哭、玻璃心、喜欢讨好他人，社交焦虑……那么你可以通过这本书来一层层深入地了解你的孩子，知道什么是高敏感，走进孩子的内心世界，了解孩子敏感背后藏着的秘密和潜力，以及如何与高敏感的孩子相处，怎样从情绪、社交、情商等方面引导孩子将高敏感转化为优势，给孩子的人生增加幸福感和竞争力。

现在，让我们一起走进高敏感孩子的内心，开始帮助他们转化吧！

目录

第一章 孩子，你的敏感我都懂

高敏感儿童与生俱来的神秘气息 // 002
高敏感儿童具有哪些特质 // 006
高敏感儿童就是性格内向吗？ // 011
孩子胆子小不敢说话是高敏感吗？ // 016
为什么高敏感儿童普遍具有较强的共情力？ // 021
如何看待对事物过度认真的孩子 // 026
能够敏锐察觉细微刺激的孩子 // 031

第二章 高敏感不是缺陷而是宝藏

高敏感天性是缺陷吗？ // 036
自我否定与过度自信 // 040
做普通人中的“特殊人” // 044
教孩子正确地面对自己的“宝藏” // 048

第三章

高敏感儿童的教养误区

高敏感怕小题大做，更怕大事化小 // 054
忽视和误解 // 059
你的行为无形中伤了孩子的心 // 063
情绪波动会使孩子更敏感 // 068
沟通无效与大吼大叫 // 073
父母决定高敏感特质的转化 // 078
家庭环境对高敏感孩子的影响 // 083

第四章

与高敏感儿童这样相处更融洽

父母应该提高对孩子的关注度 // 090
倾听比说教更能走进孩子的心 // 094
与爱哭的高敏感孩子这样相处 // 098
减少孩子的被抛弃感和疏离感 // 103
呵护与尊重的重要性是相同的 // 108
有针对性地引导孩子提高专注力 // 113

第五章

让孩子爱上自己的小敏感

教会孩子说“不” // 120
不完美才是真的完美 // 125
孩子为什么会讨好他人 // 129
降低标准，获得幸福和快乐 // 133
拒绝做“别人家的孩子” // 137

第六章

让高敏感儿童学会掌控自己的情绪

跟孤僻和不合群说再见 // 142
孩子的自卑感是怎样产生的 // 147
孩子情绪化应该如何去引导 // 152
为什么妈妈在反而不乖 // 157
情商要从娃娃抓起 // 161
受到鼓励的孩子更加自信和勇敢 // 166

第七章

如何消除高敏感儿童的社交恐惧

培养同一种兴趣和爱好 // 172

在互相学习中共同成长 // 176

微笑是打开心扉的钥匙 // 180

让孩子把关注点放在自己身上 // 184

做游戏可以缩短彼此的距离 // 188

真心和诚实在儿童人际交往中不可或缺 // 193

第八章

将高敏感转化为天赋

教孩子合理发挥共情能力 // 198

发掘孩子的敏感力 // 203

转化的秘诀不是“精英绑架” // 207

快乐永远是幸福的关键 // 211

你需要给孩子积极的心理暗示 // 216

相信孩子会越来越好 // 220

尾声 爱自己，爱孩子 // 224

第一章

孩子，你的敏感我都懂

高敏感儿童与生俱来的神秘气息

生而为人，每一个人都是宇宙洪荒中的一粒尘埃，但每一粒尘埃都是独一无二的，是值得被珍视的。有的人生来很聪明，他们在歌唱、绘画或弹奏乐器上表现得很有天赋，而有的人很“奇怪”，他们敏感，玻璃心，很胆小，怕交际。

“你太敏感了！”很多人被贴上这个标签。

敏感，看起来被世人定义为贬义词，是“奇怪”的代名词。但事实上，敏感得到合理转化就会变成敏感力，是与生俱来的神秘特质。

高敏感不是突如其来的，这种敏感特质是从出生开始就存在的，孩子的表达能力和理解能力不如成人完善，不能清楚地表达内心的感受和想法，往往就会被家长误解和忽视，从而影响了“敏感力”的转化。他们越是被忽视，被误解，被打断，就越会陷入一个困境，从而愈演愈烈，最终，高敏感成为他们名副其实的弱点，长大后也会被人评价为“太敏感”，从而陷入一个怪圈，永远在其中受煎熬。

有人会问，孩子具有高敏感的特征，是好还是坏呢？

唯物辩证法告诉我们，凡事都具有两面性，高敏感到底会转化为优势还是劣势，是具有不确定性的。那么如何将高敏感转化为敏感力，合理利用这种独一无二的天赋，就需要父母和老师足够的重视了。

很多父母觉得孩子难管，认为他们小题大做，动不动就玻璃心，实在是太敏感了。当周围出现“孤僻”和“自闭”的声音时，他们往往如临大敌。

让我们来看看这些孩子都有什么样的行为吧。

“幼儿园的老师说孩子总是要求换衣服，画蜡笔画时不小心划上一点就坐不住了，明明不影响美观，硬是哭着说难受要换衣服。她在婴儿时期就有点敏感，只要压在身下的衣服有点褶皱就哭，我们也是在她哭了好久之后才察觉到是衣服的问题。”

“我家孩子有点不合群，不愿意和其他小朋友玩，甚至有些胆小，见了亲戚总往后躲，过年时也喜欢一个人待在屋子里玩。”

“我最近被宝宝折腾得整夜睡不着，宝宝晚上睡觉不踏实，一丁点声音都能被惊醒，醒了就哭，他对声音太敏感了，这也太难搞了。”

“她太爱哭了，别的小朋友受到批评，本人还没什么反应，她倒是先哭了。”

“我家孩子好像很会察言观色，对我情绪的感知也很准，周围的人表现出不开心时，她会变得很安静，不给人添麻烦。她太乖了，反而让我感觉不太对。”

很多人会将泛自闭症和高敏感搞混，一旦发现孩子不合群，不爱说话，性子孤僻，喜欢一个人玩等，就会认为他们有自闭倾向。把孩子对声音和触感的敏感度夸大，觉得孩子的行为怪异。其实如果发现这样的问题，家长首先应该考虑的是这个词：高敏感。

小孩子的认知能力是一点一点积累和加强的，小时候遇到问题所产生的行为是需要家长帮助引导的。当他们出现高敏感的行为时，难免不会被周围的人影响，当“爱哭鬼”“胆小鬼”“不合群”“孤僻”“怪异”这些字眼频繁出现在他们耳边时，他们的心灵会受到伤害，久而久之就会演变成心理问题，产生悲观和失落等负面情绪，影响心理健康。

行为心理学有这样一个观点，习惯是人类的第二天性。具有高敏感特质的孩子更需要培养出一种习惯，他们需要父母正确的引导和帮助，将别人眼中的劣势转化成优势，习惯这种“不一般”的生活。

高敏感孩子需要父母的理解和教育，当孩子出现上述高敏感行为时，父母需要做到以下几点：

首先，转换视角，站在孩子的角度看待问题。

我们有时不理解孩子的行为，一件很小的事，在孩子眼里却是天大的问题。比如菜汤洒在衣袖上，我们觉得还好，可以继续上学或玩耍，但敏感的孩子不这样认为，他们会一直想着、会认为不舒服、出现哭闹等状况，直到问题被解决。

在孩子出现敏感的小问题时，我们不妨站在孩子的角度分析一下，代入孩子的小敏感行为，去设身处地地感知他们的情绪，深入了解孩子出现敏感行为的原因，然后和孩子一起解决它。

其次，切记乱贴标签，要引导孩子主动开口说出自己的感受。

当孩子出现高敏感的行为时，我们很容易给他们贴上“爱哭鬼”“敏感”“矫情”“内向”等标签，敏感的孩子大多内向，他们不愿意主动表达自己的感受。所以我们首先要做的是不轻易下结论，认定孩子敏感、内向或不合群，这个时候要有足够的耐心，和孩子聊天，倾听他们的声音。

当孩子主动开口说出自己的感受时，不要觉得不可思议，要以平常心对待孩子的高敏感心理。比如，当孩子受到身边朋友坏情绪的影响变得爱哭或生气时，我们首先要鼓励他们说出产生坏情绪的原因，再帮他们分析，和孩子一起找到缓解坏情绪的方法。

最后，支持和理解他们，让敏感的孩子感受到父母与他们站在一起。

高敏感的孩子内心缺乏安全感，对自己的小敏感行为也会感到困惑，当发觉自己的行为与别人不一样时，他们也会害怕，会担心，甚至焦虑。这个时候，我们要用实际行动告诉他们，父母永远会站在他们身后，理解他们，支持他们，全身心地爱着他们。

父母的爱会给孩子带来难以想象的力量，这种力量往往会伴随着孩子一生。当外界质疑的声音出现，我们可以牵着高敏感孩子的手，告诉他们不要担心，跟他们说："孩子，别怕，你的敏感我都懂。"

鼓励和支持永远是孩子快乐成长的源泉。父母的重视程度决定了孩子未来的成长。从此刻起，关心那个有着特殊天赋的孩子吧！给他们的人生画卷增添一笔炫目的色彩。

高敏感儿童具有哪些特质

你的孩子是否具有以下行为？

经常哭，很难带。

不喜欢和陌生人打招呼，只和熟悉的人说话。

对气味很敏感，能闻到细微的气味。

经常一个人若有所思的样子。

不喜欢吵闹的环境，更喜欢安静。

不太合群，喜欢自己一个人玩玩具。

在外面玩了一整天后晚上难以入睡，兴奋地要跟你讲很多话。

很能感知你的情绪，在你情绪不稳时会变得很乖，有时还会安慰你。

注重身边的细节，观察力比你还敏锐。

如果你的孩子拥有上述相似的行为，那么他很有可能是高敏感孩子，具有一般人没有的特质。

别担心，高敏感并不是一种缺陷，也不是孩子的性格弱点，它完全可以转化为帮助孩子健康成长的重要因素。

心理学家荣格认为高敏感可以丰富人们的人格特点。高敏感不是病态，不必归为病理特征中。

也就是说，具有高度敏感的孩子，他的人格特征更加饱满，还可能增加人格魅力。但高敏感会受到周围环境因素的影响，如果生活环境恶劣、充满误解，那么这种高敏感特质就会朝着负面方向发展，让孩子产生心理问题。

美国著名心理学家伊莱恩·阿伦是高敏感心理学研究的佼佼者，她提出要对高敏感孩子做出更多的关注和引导。因为具有高敏感特质的孩子既有可能贴心聪明，也有可能让人耗费心力，让父母找不到解决问题的钥匙。因此家长的教育方法格外重要，要非常有耐心和毅力。

家长首先要做的就是辨识出孩子的高敏感特征，理解高敏感行为，学习引导的方法。

那么高敏感孩子具有哪些特征呢？

伊莱恩·阿伦博士在她的著作《孩子，你的敏感我都懂》中提出了高敏感的四个特质，即深度处理、容易过度接受刺激、情绪反应大，同情心很强、能敏锐地察觉细微刺激。

下面就让我们一起理解一下这四个特质。

深度处理

具有深度处理特质的高敏感孩子会比同龄人表现得成熟，他们会将大脑接收到的信息进行深度处理，做事和说话前喜欢深思熟虑，谋定而后动，往往给人一种内向的感觉。

孩子不喜欢和小朋友交流和沟通，在外面怕生，胆子小不敢回答老师的问题，害怕选择，常常有左右为难的意思。其实这种行为不是胆子小或者内向，他们不是不愿意说话、不敢回答老师的问题，而是在深度思考聊天的内容以及老师提出的问题，他们的大脑在高速运转，冥思苦想。如果家长充分发挥孩子的这种特质，就能让孩子养成行动前先思考的好习惯，孩子长大后面对生活或工作上的难题也会深思熟虑后再做决定，幸福指数和成功概率也会增加。

孩子会有意识地学习家长的表达方式，会说出与年龄不符合的话，有时候问问题比较尖锐，常常让家长很难回答。有些外向型的孩子还表现得具有幽默感，是一个家庭里的开心果。

容易过度接受刺激

高敏感儿童对于接收到的刺激很难消化，无论正面的还是负面的，他们只会一直接收，这些刺激会积聚在他们的心底，越积累越沉重，直到心灵不堪重负。

高考后能让老师挂在嘴边的，除了状元就是那些平常测验很好、但一考试就失利的学生了。这一类学生就有高敏感的特质，备受瞩目成为焦点或遇到通过考试来检测实力的时候，往往会因为过度接受刺激而压力增大，精神上疲惫不堪，最终发挥失常。

另一种情况是孩子在外面玩了一整天，大脑和身体接受的事物太多，到了晚上会变得很兴奋，热度迟迟不能消散。有些孩子玩了一天晚上不睡觉就是这个道理，他们不是不好带，只是高敏感这个特质让他们表现出这样的状态。

他们不喜欢热闹的生日派对，不想要太大的惊喜，怕冷怕热，更怕痛，感官比一般孩子更强烈。天冷的时候往往比父母还要在意，会主动要求添衣服。

情绪反应大，同情心很强

共情能力强，能够感知周围人的情绪，对情绪的反应很敏感。心思细腻，感同身受比一般人更明显。常见的表现有明明是其他小朋友被批评，他反倒先哭了。富有同情心，见到小朋友不开心会难过，会主动关心。如果父母恩爱，和谐幸福，孩子也会很高兴，情绪和心态多半是积极乐观的；如果父母经常吵架，大吼大叫，孩子也会最先难过，没有安全感。

能敏锐察觉细微刺激

高敏感的孩子不仅对情绪感知很敏感，他们的感官也很敏感，往往表现在对声音、气味、味道、触感等方面都有高于常人的感受。

他们能听到细微的声音，比如书房里的翻书声，睡眠质量不好，容易被惊醒。对饭菜很挑剔，味道不好就吐出来。对厕所气味的要求很高，明明刚清洗过，还是觉得有异味。触感也很灵敏，就像安徒生童话故事中的豌豆公主，床上有一粒豌豆，哪怕睡在二十床鸭绒被上都会觉得不舒服。

让我们听听豌豆公主是怎么说的吧！

“我差不多整夜都没合上眼！天晓得床下有什么东西？一粒很硬的东西硌着我，弄得我全身发紫，这真的太可怕了！”

接触高敏感心理学后才发现，原来豌豆公主就是个高敏感孩子。

很多父母觉得抚养一个高敏感的孩子太辛苦，要付出比养育一般孩子更多的精力去教养。但我们可以这样想，每一个孩子都是世上最珍贵的珍宝，我们在教养孩子的同时，也在他们身上学到很多，比如简单的快乐、爱和关怀。他们可以更快地感知我们的情绪，用他们纯真的笑容和话语帮助我们度过充满坎坷又精彩纷呈的人生。

高敏感儿童就是性格内向吗？

很多家长认为高敏感就是性格内向、不爱说话、内心世界丰富；许多刚接触高敏感心理学的学生也容易将高敏感和内向混淆。但实际上，高敏感和内向一样，是人格中的两种不同的特质，二者有相似的地方，或者说，高敏感特质与内向特质存在重叠的地方。

在心理学中，内向是一种性格特征，是带有指向性的气质，内向型的人在言语、思维和情感上向内收，往往在日常生活中表现得很安静、不爱说话、与人有距离感。心理学大师艾森克的问卷调查表明内向型的特征有："安静，离群，内省，喜欢独处而不喜欢接触人。保守，与人保持距离，挚友除外。"

内向型性格的人注重内心世界，他们的能源来自自身的内在世界，但他们的内心更容易受到外部环境的影响，会时常产生内耗，常常将自己陷入身心俱疲的境界，所以内向型性格的人会有意识地限制自己的交往范围，从而减少精神压力。辩证唯物主义告诉我们凡事都具有两面性，内向的人可以将精力放在自己的内心世界，他们会自省，会深度思考，会欣赏自己的行为。但同样，有些内向的人常常会表现得自信心缺失，害羞不爱说话，甚至是对外界提不起兴致，对人冷漠。严重的内向还容易与孤独症混淆。

在人际交往中，“内向”这个标签看起来似乎不那么友好，贬义的成分较多。大多数人喜欢外向型性格的孩子，他们乐观向上、开朗活泼，喜欢主动跟人打招呼、交朋友。他们表现得很活跃，自信心爆棚，很愿意主动探索世界，并且能很快地适应周围的环境。

那么具有高敏感特质的孩子呢？他们就一定性格内向吗？

答案是否定的。根据调查研究表明，在拥有高敏感特质的人当中，其中内向型占七成，而剩下的三成则是外向型。也就是说，高敏感的儿童也是可以拥有外向型性格的。

高敏感儿童主要是内向型居多，他们原本的内心世界就已经很丰富，不需要更多的外界刺激，如果家长干预不多，往往会发展为社交障碍。但有些高敏感儿童虽然是内向型，但也表现得爱社交，对外界的社交活动没有排斥心理，这或许就跟他们的成长环境有关了，由于他们具有较强的社会共情能力，更能洞察人心，如果家庭环境要求他们具备较强的社交能力，那么他们就会表现得喜欢交朋友。

或许我用一个案例来解释会让家长朋友更容易理解。

中国的家长喜欢在逢年过节时让孩子表现，吃饭前发言表达一下心情，叫餐前致辞。饭后喝茶时要看孩子表演，背诗、跳舞、弹琴，无论什么，你需要表现，用一个民俗的词语叫“出头”。如果孩子拒绝，身子往后缩，家长就会说：“我孩子怎么这么不出头！”或者说：“真是没出息，怎么不像我一样爱出头！”

于是在特定的语言环境里，孩子的思维被引入到一个误区：按照家长的意愿做会让他们高兴，只要做了就不会被骂。所以孩子在家庭聚会时表现得很好：听话、爱表演，喜欢社交。

我的堂妹就具有高敏感特质，并且属于内向型，节假日对他人来说是“每逢佳节倍思亲”，而堂妹则是“近乡情更怯”，节日的热闹和团聚对她来说是洪水猛兽，避之而不及。

她是这样说的：“我不喜欢过节，任何节日都不喜欢，特别是过年，每当亲戚们聚在一起时，我只想找个没人能找到的地方躲起来，我不喜欢表演节目，一点都不。”

听到堂妹这样描述我有些惊讶，因为她每次过节时都会被夸，特别是当她弹奏完一首曲子后，所有亲戚都夸她懂事、乖巧，是家里的才女。而且在我的记忆里，堂妹是一个很喜欢热闹的人，总是最先跟亲戚打招呼。

堂妹摇摇头说：“我本身比较内向害羞，更喜欢一个人待着，但我妈喜欢外向开朗的孩子，而且每次我表演完节目她都会很开心，也不会再骂我内向不出头了。”

原来在堂妹七岁那年，太姥姥过八十大寿，家里所有的亲戚都去了舅爷家，酒过三巡，有长辈提出让几个年纪相仿的孩子表演节目，堂妹也在其中。她的内心是拒绝的，并且很抵触，她认为祝福应该是主动的，发自真心的，所以她在见到太姥姥时就已经送上祝福了，还给太姥姥唱了一首生日歌。并且她知道，那几个被点名的姐姐早已提前练习过，所以她只是被用来凑数的。当亲戚们笑着让她们站出来开始表演时，堂妹瘦小的身子一直往她妈妈身后缩，不肯出来。她妈妈觉得在众人面前丢了面子，于是狠狠将她拽出来，说：“我的孩子怎么这么不出头，你看姐姐们跳得多好，快去！”

堂妹的眼泪在眼眶中打转，她觉得非常委屈，然后身体就被她妈妈强推出去。由于没有提前练习，她的动作很不到位，跟不上节奏，脸上一点笑容也没有，甚至还挂着泪水。于是亲戚们的笑声更大了。她说：“我当时觉得自己就是一个小丑，是让亲戚围观取笑的猴子。”回到家后，她还没有从伤心中恢复，就再次受到了妈妈的责备。后来堂妹发现，只要她在过节时表现得好，主动表演节目，妈妈就会奖励她。堂妹的行为是在讨好父母，她的性格受外界的环境所影响，是一种假象的外向。

高敏感儿童在社交中表现得很主动，并且明显比平时活泼，很大一部分原因是来自外界环境的压力。家长喜欢活泼开朗的外向型孩子，那么孩子就会有意识地去改变，朝着家长喜欢的方向去努力。

关注高敏感儿童的心理是很有必要的，研究表明，社会共情能力强的人往往压力会更大，内心世界也更丰富，他们很善于观察周围的人，会很容易受到周围人情绪的影响，通俗一些的说法就是：“心很累。”

那么如何关注高敏感的孩子呢？首先，要了解他们内心的真实想法，通过沟通和倾听知道孩子的心中所想，从而有针对性地引导孩子，培养孩子正确的意识，帮助他们认清自我。其次，不要轻易给孩子贴标签，要尊重孩子的行为和选择，呵护他们的内心，不要让外界的环境影响孩子的判断，从而做出错误的决定。最后，家长要学会控制自己的情绪，遇到问题要稳定心情，避免焦虑。当孩子喜欢独处、不喜欢社交、内向害羞时，不要急于求成而让孩子的心灵受到伤害，要对孩子有足够的耐心，给孩子一些时间，让他们在一个温馨幸福的家庭环境中快乐地成长。

高敏感特质的儿童大多是内向型的，然而内向并不是判断儿童是否具有高敏感特质的唯一标准。认真关注儿童的行为，关心他们内心世界的发展，不要将问题遗留到成年，在儿童时期就给予必要的干预，给他们创造最适合成长的生活环境，家长是责无旁贷的。

孩子胆子小不敢说话是高敏感吗?

我在月子中心时认识了同一天住进来的产妇萧玲，她说最近很苦恼，因为大宝七月胆子越来越小，见到熟人不敢说话，碰到陌生人打招呼，七月会害怕得直往大人身后缩，再说两句就要哭，最近还说妈妈有了弟弟就不喜欢七月了。她觉得七月越来越敏感了。

大人往往很容易给小孩子贴上敏感、胆子小的标签，他们认为没有关系，或者只是随口一说，但事实上，敏感的孩子会在意的。

萧玲最近在网上查资料，认为七月就是高敏感儿童。并且她认为孩子只要具备高敏感特征的其中一点就是高敏感儿童。但高敏感儿童具有四大特征：深度处理各种信息，容易过度接受刺激，情绪反应大和同理心强，能敏锐察觉细微刺激，并且这四个特质缺一不可。

萧玲认为孩子胆子小不敢说话，爱哭且敏感就是高敏感儿童，但要判断一个孩子是否具有高敏感特质，还需要进行更全面的观察，这样才能找到孩子胆子小不敢说话的真正原因。

七月出生在夏天，出了月子天气就有些冷了，家里的奶奶担心孩子被风吹到，要等孩子大一些再抱出去，而当孩子长到五六个月时，寒冬已至，天气太冷也没抱出去。孩子一岁时家里老人又生病了，没人带孩子出去遛弯，就算出去也是匆忙回来，没有机会让小七月跟别的小朋友交流。可以说，一直到三岁，小七月出去跟其他小朋友玩的次数都很少，很少见人，也很少和小朋友说话。现在带她去小区里溜达，她更愿意自己玩，和其他小朋友玩时会胆子很小，扭捏着不敢说话，还很爱哭，总是待在家长身边。

最近萧玲生了二胎，是个弟弟，有些亲戚就逗小七月说："妈妈有了弟弟就不要你了。"看似玩笑的一句话，对小孩子来说往往是最深的伤害。小七月当真了，她变得更不爱说话，也不愿意出门了。

通过这个案例我们发现，导致七月胆子小不爱说话的原因是后天形成的，并不是天生的高敏感性格特征。七月的这种行为不是高敏感，而是有了初期的社交恐惧心理。

儿童社交恐惧症需要引起家长的重视，而形成社交恐惧的原因与儿童成长环境和家庭本身是分不开的。七月从出生开始就很少有户外活动，社会交往少，家长没有充分发挥主观作用，没有有意识地培养和锻炼她的语言表达和沟通能力。

那么当孩子因为社交恐惧而变得胆子小不敢说话时，家长应该如何做呢？

第一，综合治疗法。家长要改变孩子的成长环境，不要将孩子关在家里，不要怕孩子冻着摔着，要让孩子去探索未知的世界，提高孩子的抵抗力。家长本身要学会掌控自己的情绪，要有耐心，学会换位思考，给孩子尊重和支持。拒绝亲戚的任何玩笑，诸如"妈妈有了弟弟就不要你了"这种话不要再出现，要呵护孩子的心理健康。

第二，系统脱敏治疗。系统脱敏疗法讲究循序渐进，简而言之，要一步一步来引导孩子走出对社交的恐惧。要在孩子不反对的基础上带孩子出去看看外面的世界，可以先去动物园与可爱的小动物交流，例如学会喂小鹿吃胡萝卜；然后再带着孩子去和其他小朋友一起玩，让孩子由陌生到熟悉，由一个到多个慢慢地接触，同龄的小朋友会减少孩子社交的恐惧感；接着，用好看的绘本或玩具让孩子主动或被动吸引其他孩子来参与，观察孩子的接受情况；等孩子可以主动跟其他小朋友交往时，孩子的胆子就变大了，也爱说话了。多培养，勤练习，对社交的恐惧感就会逐渐减轻。

在社会上打拼的人们都穿着坚硬的外衣，以抵挡现实生活的残酷，人们一旦有了孩子，就有了软肋，希望孩子一直生活在快乐和幸福中，期待他们被社会温柔以待。因此，一旦孩子出现某种问题的苗头，家长就会忍不住猜测，比如孩子四个月了还不会翻身，拇指内扣，他不会是脑瘫吧？四岁的孩子孤僻不合群，从来不和小朋友玩，他不会是自闭症吧？小孩子胆小不爱说话，动不动就哭，她是不是太敏感了？

许多家长认为孩子“高敏感”的行为很怪，跟别人家的孩子表现得不一样，是不对的，需要通过干预去“矫正”。具有高敏感行为的孩子的确需要家长去干预，但不是矫正，而是引导。

很多人愿意给自己还不了解的人贴上标签，不爱说话被贴上“胆子小”的标签，对于高敏感儿童来说，这是一种误解。高敏感孩子不爱说话，其实不是胆子小，而是在深度思考。

朋友赵姐的孩子小诺就与众不同，天生具有敏感力，很聪明，对数字极敏感，记忆力超强。小学二年级时学校组织去郊游，同班有个男孩长得很讨人喜欢，他带了个会动的机器人，周围的小朋友都很好奇地围上去跟他说话，只有小诺不动，站在远处默默看着。老师察觉到小诺的异常，于是将这件事告诉了赵姐，并且说，小诺学习虽然很好，但平时不爱说话，也不与其他同学一起做游戏。老师告诉家长应该关注孩子内心的成长，注重素质教育。老师还举了一个生动的例子："不然小诺有一天得了大奖，却因为胆子小不敢上台领奖怎么办？"

郊游结束后，小诺回到家，赵姐问小诺："今天的活动怎么样？玩得开心吗？"小诺一边吃饭一边回答："还好，不过老师好像特别关注我，总是看我这边。"赵姐问："你是怎么知道的呢？"小诺回答："我能感觉到，我做什么，老师都想看一下。"赵姐笑着说："老师是因为关心你喜欢你才对你很照顾，你不要多想。"赵姐经常跟女儿沟通，女儿也愿意跟她分享在学校发生的事情。既然小诺提到了老师，那她索性问："你们李老师给我打了电话，她说你不主动和其他同学说话。其他同学都去看机器人，你为什么不去呢？是不敢去吗？"小诺想了想，说："我在编程课上见过会动的机器人，所以不想去。而且张泽宇学习不好，只知道带一些玩具去学校，我喜欢和学习好的人交朋友。"

高敏感的孩子喜欢深度交流和思考，心思细腻，就像案例中的小诺，她有自己的选择标准，并且会按照这个思维去行事。

不爱说话是真，胆子小只是外界给她贴上的标签。

具有高敏感特质的小诺并不是胆子小不敢说话，而是在对接收到的信息进行深度处理。心理学家认为深度处理是高敏感的特征之一。

高敏感儿童深度处理特征的表现方式是很直观的，他们会精准地抓到事物细微的变化，直觉很敏锐，比一般的孩子更容易接收到这种变化产生的刺激。

那么高敏感儿童会有什么样的行为呢？

第一，能够说出与同龄人不相符的言语，像个小大人，往往对家长来说是语出惊人。从小诺跟赵姐的对话可以看出，她有很强的逻辑思维，因为上过编程课，对同学带来的机器人不感兴趣，所以不像其他同学一样围上去交流。

第二，在做决定前会深度思考，不会过早地表达出自己的想法。这会给其他人造成胆子小、不合群，不愿意参加集体活动的假象。

第三，高敏感儿童渴望深度交流，更深层次的问题才会引起他们的兴趣。

孕育子女本就是一件耗费精力的事情，教育一个高敏感的孩子就需要更多的关爱和耐心。

初为父母，我们并没有经历任何考核，也没有任何相关经验，只有在陪伴孩子的成长中一步一步艰难地走来，在一次次磨难中寻找养育孩子的快乐。

我们需要给高敏感的孩子更多的关注，了解他们行为背后的意思，给他们更多的理解与尊重。

为什么高敏感儿童普遍具有较强的共情力？

共情力，这个词听起来就很乐观向上，带着积极的元素。共情能力，也可称为移情能力，是一种内在的心理活动，可以深入地处理从外部接收到的信息，能够设身处地地替他人着想，在感知他人情绪和情感方面格外突出。

有人说，这个社会根本不存在“感同身受”，痛点没有落在自己身上，是不会切实感受到当事人的苦楚的。但对于具有高敏感人格的人来说，拥有超强的共情能力的确可以做到感同身受。

共情是指可以体验和洞察他人的内心世界，这个心理学概念由人本主义理论的创始人罗杰斯首次提出。而具有高敏感特质的人，他们的共情能力非常强，也可以说，这是一种天生的本能。当然，这种共情能力除去天赐，后天也是可以培养的。

脑神经科学家做过大量的实验，研究结果表明，具有高敏感人格的人在情绪波动时，他们的意识反射区域，也就是大脑尾状叶区域会有明显的活跃度。他们对情绪的感知比非敏感人群更透彻和敏锐。这种对情绪的感知是生来就有的，这也是高敏感儿童共情力超强的主要原因。

现在我举一个例子来进一步说明，大家会更好理解。

中国四大名著之一《红楼梦》中的林黛玉就具有高敏感人格，她在童年时期就是一个高敏感的孩子，她的敏感性格天生就存在，看到落花满天，首先想到的是“花落人亡两不知”，所以她去葬花，给落花一个“质本洁来还洁去”。她似乎可以感受到落花的悲伤，失去生命随风漂泊的无奈与凄凉。中秋佳节曲终人散后，看到残荷会独自落泪，听到“良辰美景奈何天，赏心乐事谁家院”也会落泪。对周围的人和物，她都会有很敏锐的感知，会很快察觉到他人的情绪。

林黛玉的这种对情绪的感知是与生俱来的，她的共情能力比一般的孩子都要强。但凡事都具有两面性，共情能力可以朝着好的方向发展，也会有其不好的结果。而林黛玉的这种超强的共情力加速了她的死亡。那么影响共情能力发挥作用的决定性因素是什么呢？是周围人的情绪。高敏感的人接触的情绪是正面阳光的，那么就会产生好的效果，如果接触的人是负面消极的，那么事物不好的一面就会占据他的固有思维。

高敏感孩子共情力超强的另一个影响因素是外界环境，最直接相连的就是家庭。

脑神经科学家认为儿童的高敏感特质是天生的，他们的脑神经细胞比一般人更活跃，对外界的感知更敏感。因此，高敏感性格不是通过后天培养出来的，但后天环境，特别是原生家庭对高敏感孩子的影响是深远的。

对于林黛玉的家庭环境书中没有过多提及，只说了林如海娶了贾敏，贾敏生了两个孩子，儿子在三岁时早夭。林如海在不惑之年仍旧膝下无子，只有一个五岁的林黛玉。古代的世家大族对于子嗣的要求很高，生儿子成了古代妇女最重要的使命，贾敏婚后育有一子，三岁早夭，她的心情一定很不畅快，接下来一直没有孩子，生林黛玉时已经是高龄产妇，非常耗费心血。她没有儿子，来自公婆的压力很大，为了绵延子嗣，给丈夫纳上几房妾室是很有必要的。因此，贾敏的婚后生活并不幸福，她的情绪也就感染到了林黛玉。林黛玉才情过人，她母亲在这方面应该对她很严格，而在不经意间流露出来的对娘家生活的向往、对丈夫纳妾室的伤怀和愤怒、生不出儿子的悲观和失落，以及高龄产子后的身体虚弱与情绪不佳，这些负面的情绪对于敏感的林黛玉来说，无疑是不良的引导。儿童时期的林黛玉接触了大量的负面情绪，导致她对事物的感知也常常朝着不好的方向去，她很悲观，固有思维也很消极。

美国加利福尼亚大学的教授斯霍勒说过，刚出生的婴儿就已经有情绪机制的雏形了，但婴儿并不知道如何管理自己的众多情绪，他们需要去学习，依靠抚养者（绝大多数是母亲）来引导和教育他们如何去管控情绪。

所以孩子从婴儿时期就开始跟母亲学习如何去管控和处理自身的各种各样的情绪了，母亲的情绪很容易影响到孩子，孩子也会模仿母亲处理情绪的方法。

母亲对孩子的影响是深远的，对高敏感孩子来说，这种影响的作用力会更大。

高敏感儿童的共情力很强，他们在共情力的发展方向上是有正反两个方面的，例如林黛玉，她对情绪的处理偏向于悲观和消极，是负面方向的。而有些孩子的共情力表现在正面且积极的情绪上，这需要父母有意识地引导和教育。

同事林夏喜欢在网上分享育儿经，据她描述，她的孩子点点就是个高敏感的孩子。五个月时的点点已经会认人了，她居家办公，有时会不自觉地将工作中的情绪带给孩子。她发现，当她完成一个项目时，孩子看到她会手舞足蹈地特别开心，满脸的笑意。而当她被领导批评时，孩子小脸蛋上的笑容没有了，他会呆呆地看着林夏，小拳头放在身上，一副很害怕的表情。渐渐地她发现是自己的情绪影响到了点点。

点点不仅对情绪的感知很强，他还有些怕声音，有点声音就会把他从睡梦中惊醒。三岁后，他变得很有同情心，看到捡垃圾的老奶奶会替她担心，会问："奶奶会冷吗？她不累吗？我们去帮帮她。"

林夏看过很多关于高敏感儿童的书籍，认为点点就是天选之子，既然点点拥有与生俱来的敏感小天赋，那么作为母亲，就更应该格外注意自己的言行，不要让自己不经意的动作和语言刺痛孩子脆弱的小神经，而且她还有意识地帮助点点建立自信心，让他勇敢地面对自己的内心。

点点的性格偏向于内向型，遇到事情喜欢自己思考，因此，每当点点闷在一边不说话，或者从幼儿园回来不开心时，林夏总是第一时间去干预。她会让丈夫搬个小板凳坐在点点身边，要爸爸与儿子来一次"男人的谈话"。育儿专家说，父亲在孩子成长过程中的作用是不可替代的，父爱会让男孩更勇敢，会让女孩更有安全感。

点点看到爸爸来了，并没有排斥，因为这并不是第一次谈话。他看了看爸爸，听到爸爸对他说："点点，今天在幼儿园不开心吗？"

虽然父母总是想要从孩子身上知道更多，一时间恨不得问许多的问题，但有效的沟通往往是循序渐进、由浅入深的，问题要一个一个地问，一次不可贪多。孩子的思维和记忆力不比成年人，一次性问太多问题，孩子会不知道回答哪个。

点点虽然情绪不佳，但不排斥和爸爸沟通，他会直接跟爸爸说："我不开心。"

爸爸又问："为什么不开心啊？"

点点说："幼儿园里的小朋友说我是马屁精，爸爸，马屁精是什么意思？小朋友都在笑，赵俊泽一定是在骂我！"

原来，今天下午幼儿园有跑步比赛，小朋友都在排队等着老师，但赵俊泽想要快点跑出去，于是推了站在他前面的孙兆麟，孙兆麟的膝盖磕破了皮出了血，趴在地上哭了鼻子。这一幕让点点看到了，他觉得很疼，也跟着哭了。老师过来询问，点点将事情的经过告诉了老师，于是赵俊泽回到班级里就说点点是马屁精。

了解了情况后，爸爸对点点说："下次如果有小朋友跌倒了，点点不要哭，去把小朋友扶起来好不好，我们点点是小男子汉，小男子汉是最勇敢的，知道吗？还有啊点点，爸爸是不是告诉过你，在家里或者在外面一定要诚实，看到什么就说出来，这是很正常的事情啊，如果下次还碰到这种事，点点也要把自己看到的告诉老师好不好，点点这一次就做得很棒，爸爸为你感到骄傲。"

点点哭着点头，嘴上还说着"好"。这时候爸爸将点点抱起来，一边轻轻拍着他的背一边说："点点坚强，点点不哭。"

从这个案例可以看出，母亲和父亲在孩子成长过程中的作用是不可忽视的。母亲注意自己的情绪，父亲负责与儿子面对面沟通，这对于具有高敏感特质的点点来说，无疑是最棒的。在家庭环境里，父亲和母亲会引导孩子朝着积极乐观的方向去生活和学习，锻炼孩子处理所遇到情绪问题的能力，那么将来孩子再遇到类似的情绪问题，感知到外界的不良情绪后，他就不会再陷入负面情绪的怪圈，可以将心态调整到最佳状态，保持良好的心情。

高敏感孩子的共情能力强，他们的心更像是需要细心呵护的水晶，父母要用阳光和色彩去滋养，不要用乌云和阴影去涂抹，一定要学会守护孩子水晶般的心灵呀。

如何看待对事物过度认真的孩子

“我儿子平常考试都挺好，可一到重要的考试就发挥失常，考试前我看他比平时更努力地复习，怎么会考不好呢？”

“茜茜很看重体育考试的成绩，考试之前和我练习过很多次，其中一项是仰卧起坐，需要有人配合按住双脚才能顺利完成，每次和我练习完她都很满意，一度认为自己可以拿到最高分。但考试那天却出了状况，和她配合的同学没有很好地做好辅助工作，仰卧起坐这一项她没有拿到分，回来后哭了一个小时。”

“我女儿演讲水平很高，但每次到重要的场合就紧张，才说了两句就紧张到说不出话来，连双腿都在发抖。”

“天天刚上学时每次都迟到，我越提醒他就越迟到，我只好亲自送他上学。可天天对待学习的事情一向都很认真啊，为什么还会迟到呢？”

“依依对自己很严格，做事非常认真，她最近跟我说自己好累，压力太大，晚上躺在床上，脑海里总是不断浮现出白天老师讲的题，入睡越来越困难，好不容易睡着了也会梦到考试的情形，不是题不会就是写不完。我该怎么帮她呢？”

你的孩子是否也会遇到类似的问题呢？对待事物过度认真，在意考试成绩，对自己要求严格，这些行为是对的吗？

上述孩子的行为存在相似点，他们在意某件事情，而越在意，结果反而越不尽如人意。问题的症结就在“在意”二字。在意、过度认真，就意味着要花费精力去提醒自己，通过不断的心理暗示加强记忆。总是提醒自己不要迟到，结果反而会迟到；在意考试成绩，往往也考不好；演讲前的准备工作越多，演讲时就越紧张……这些都是因为孩子的潜意识中被灌输了过多的心理暗示，形成了压力，压力一大，心思敏感的孩子就容易出错。下面我用一个著名的心理学效应来解释，各位家长或许会更好理解。

“瓦伦达效应”，心理学上著名的效应之一，它以人名命名，是发生在美国的真实事件。瓦伦达是一个高空走钢丝的表演艺术家，他的表演精彩绝伦，而且动作稳健，从来没有出过事故，以高超的技艺闻名于世。有一次表演团接了一个重要演出，要求他为重要的客人进行表演，他非常认真地准备了这次演出，认为自己扬名立万的时机到了。他在演出的前一天就开始准备，琢磨动作和细节，一次次地在脑海中演练。与以往表演前的准备不同，从前他只需要准备表演的动作和细节，而这一次，他还想着表演会带来的效果：表演成功会奠定他在美国演艺界的地位，表演团也会收获颇丰。考虑的事情多，心理暗示加重，到演出那天，他只做了两个难度系数低的动作就出现失误，踩空钢索，从十米高的空中掉了下来，命丧黄泉。

事后，瓦伦达的妻子表示，这次演出前瓦伦达总是患得患失，憧憬表演成功后可以达成的效果，担心失败会带来的损失。这种患得患失的心态促使他走向失败。心理学家将这种为了达到某种目的而患得患失的心态称为“瓦伦达心态”。

这也就解释了本文开始时提出的问题，那几个孩子都是因为太过在意，在做事情前出现了“瓦伦达心态”，过分追求事情的结果，所以，越在意、越担心，与设想不同的结果就越会出现。

具有高敏感特质的孩子更容易受到外界压力的影响，他们本身心思敏感，愿意深度思考，给自己的心理暗示越多，就越会影响其正常水平的发挥。这也就解释了为什么有些学生平时考试年级前十，可一到重要考试就“掉链子”。压力和暗示让他们感到兴奋或焦虑，这会影响睡眠质量。而在考场，失误也往往出现在简单的题目上。

我的闺蜜刘敏从小就对事物过度认真，她很在意考试成绩，在意钢琴考级，好胜心太强，就连和小朋友玩最普通的游戏都要勇争第一。此外，她对声音还特别敏感。据她描述，她甚至能够听到蚊子从客厅朝她飞来的声音。因此从孩童时期开始，她的睡眠质量就不好，每天都挣扎在似连续剧一般的梦境中。具有高敏感特质的她常常琢磨事情，别人说的一句很简单的话，在她听来都是别有用心，需要思考许久。她弹钢琴很厉害，是很好听的那种，水平不如她的朋友十级都过了，但她就是过不了。每次考试前她都非常认真地练习，并且对自己说：“这次考级一定要过，过了就可以拿到证了，妈妈会很高兴，我也不会再被同学嘲笑了。”

考前的鼓励适度即可，但刘敏接收到的鼓励太多了，有来自父母的、钢琴老师的、好友闺蜜的，也有已经过了钢琴十级的同学的，当然，还有她自己的。然而她还不知道，这些鼓励的话句句扎心，已经化作一座座大山压在她身上，她的神经已经绷得很紧，有明确目的的心理暗示压得她透不过气。显而易见，考前的这一夜又与深度睡眠无关。好不容易入睡，却又梦到考试，不是曲谱看不清，就是钢琴的音不准。结果她再一次与钢琴十级的证书擦肩而过。

儿童时期的刘敏对考试成绩的执着和认真完全来自她妈妈的灌输，考试成绩是妈妈的面子，荣誉证书是打开妈妈笑容的开关。她很会体谅妈妈的不易，确切地说，是很会察言观色。考试成绩好，妈妈会很高兴，情绪很好；考试成绩不好，妈妈会当众批评她，拿到证书妈妈会笑，考级不通过，妈妈会不和她说话。

由此可以看出，高敏感儿童会因为对事物过度认真和执着，导致心理压力过大，从而陷入“瓦伦达效应”的怪圈，很重要的原因在于父母的刻意引导。长此以往，当孩子遭受的打击积累到一定程度时，自信心就会缺失，孩子正常的生活会受到影响，心理上也会出现问题。

那么，应该如何去避免高敏感儿童出现“瓦伦达心态”、让他们不再过度追求成绩，减少心理上的压力呢？

第一，家长要注意鼓励的话语，要坚持适度原则，不要把自己的想法强加给孩子，要尊重孩子的行为。很多家长会将自己的梦想和期许转换到孩子身上，让孩子考清华、上北大；让孩子长大后成为医生、老师；要孩子放弃土木工程改学金融；考试需要达到年级前十；高考分数要600分以上；钢琴要过十级……诸如此类，美其名曰是为了孩子好，但事实上，这些概念都是父母给的，是他们的要求；一旦不达标，或者没有按照他们的标准去做，那么后果就严重了，孩子承受的心理压力往往也会更大。

教育孩子说来也简单，想要孩子成为怎样的人，那么你就要先成为那样的人。自己都没有达成的目标和梦想，要孩子去实现，这很难。

第二，要孩子正确看待人生中的每一次考试，不要追求胜负，要用平常心，参与其中也是一种胜利。父母应该帮助孩子树立正确的考试观，让孩子知道眼前的一场考试只是万里长征的一步，在人生漫长的道路上，考场到处都是，考试也经常上演。要学会在一次次失败中笑着继续走下去，胜负只是两种结果，不要过度纠结。

第三，帮助孩子建立自信心，教会他们如何面对失败。高敏感的孩子经过多次失败后他们的自信心会受到影响，很多家长在孩子考试失利后用批评的方式去表示不满，他们的本意是鼓励孩子再接再厉，但事实上效果却一般，孩子会对失败更敏感，还会让他们对考试产生恐惧心理。

失败后，孩子会因为家长的情绪而变得不安，这个时候要告诉孩子失败并不可怕，可怕的是失败后的颓废感，要学会勇往直前，有信心去继续接受挑战。家长要给高敏感孩子提供合适的引导，告诉孩子要有足够的耐心和勇气。

最后，稳住孩子的心态，注意情绪的把控，通过移情法缓解压力，舒缓紧张的情绪，减少焦虑感。

移情法是缓解心理压力的有效方法之一，当孩子压力过大，内心敏感时，可以转移他们的注意力，带他们出去散散心，去看看大自然的美丽风景，或者只是在蓝天白云下发发呆，都会对缓解压力有帮助。

父母给高敏感孩子最好的礼物就是陪伴，孩子的高敏感行为需要父母的关注和引导。孩子需要我们，我们同样也需要孩子的陪伴，爱的作用力是相互的，我们和孩子在陪伴中共同成长，而孩子也会在我们的关注下慢慢长大。

这大概就是孕育子女的快乐吧。

能够敏锐察觉细微刺激的孩子

“我家孩子从小就对细微的声音特别敏感，我们在房间再轻声细语她都能听到，并且要求我们不要说话，否则会影响她写作业。真是个矫情的孩子，也不知道她是不是在找借口不想写作业。”

“他鼻子特别灵，那天我换了一款香水，与之前那瓶的香味差别不太大，但他还是第一时间就发觉了。”

“我儿子不喝冻奶，哪怕在冰箱里放了一天，他都能尝出来，喝几口就不喝了。给他换一瓶新鲜的，立刻就咕嘟咕嘟喝掉了。之前冻的一冰箱母乳全让我送人了。”

“我女儿对细节部分可在意了，爸爸衬衫的扣子扣错了，奶奶染了头发，爷爷换了羊毛衫，她都会很兴奋地指出来，可讨人喜欢了。”

“我儿子穿不了任何带毛的衣服，每次穿上都觉得不舒服，哭闹着要脱掉，说皮肤被毛扎到了，好疼。真是个比女孩子还娇气的孩子。”

很多妈妈会发现自己的孩子对细节部分很在意，别人察觉不到的比较细微的事物都会引起孩子的注意，像微弱的声音、事物细节的变化、淡淡的气味、触感的差异等，都是孩子关心的问题。有些妈妈认为孩子的感官发达，能够察觉到细微的差别，这很好。而有些妈妈会觉得孩子矫情、敏感，太麻烦了。

其实这些表现也是高敏感儿童的特质，属于高敏感行为，他们能够敏锐地察觉到细微的刺激。伊莱恩·阿伦说过：“有些人的知觉器官特别发达，但他们多数都不是因为知觉器官反应过度，而是思考和情绪的程度太高，才会察觉到细节部分。”

神探夏洛克可以通过对细节的把控找到蛛丝马迹，从而获得事情的真相。可见，对细微的刺激感觉敏锐在一定程度上也是存在优势的，可以被应用在生活当中。

朋友家的可儿就是一个对细微的刺激反应很敏锐的孩子，她很在意细节。她对人或事物的细微变化都观察得很仔细，在别人没有察觉的时候，她就已经说出来了。过年的时候奶奶去做了发型，并且染了头发，可儿第一个发现，兴奋地跑过去抱住奶奶说：“奶奶染了头发真好看。”妈妈在客厅里走了一圈，可儿就指着卫生间说：“妈妈，你的眼镜在卫生间的台子上，客厅里没有。”妈妈很奇怪，问可儿为什么能够知道妈妈在找眼镜，可儿说：“我看你眯着眼睛好像在找东西，感觉你是在找眼镜。”

可儿的这些敏感行为可以说是他们家里的黏合剂，使一家人的关系更亲密了。她可以观察到别人注意不到的地方，并且说出来，让其他家庭成员听到和看到，家庭成员之间彼此关心的程度加深了，每个人的幸福感都在提升。

有些妈妈认为孩子对细微的刺激表现得太敏感，这会分散他们的注意力，影响孩子的正常生活。比如对声音很敏感，那就会对睡眠有影响，孩子会因为听到微弱的声音而无法入睡，或者会被突如其来的声音惊醒。睡眠不足对孩子的影响很大，不仅影响他们学习，也阻碍身心的健康成长。

马修·沃克曾经说过："睡觉时，大脑会回放一天的经历，从皮层到海马体反复发送信号，用来整合和巩固记忆。在非快速眼动睡眠期，科学家发现了睡眠锭（一种频率较高、波幅较大的纺锤形脑电波），它能帮助大脑将信息从海马体内的短期存储位置移动到脑皮质中的长期存储记忆的地方。睡眠专家将其称作按下储存键。"

如果孩子对声音的敏感延续到上学时期，因声音而失眠或入睡困难，那么就会影响孩子的学习，记忆力也会下降。

这个时候家长就需要给孩子提供一个相对安静的环境，在孩子休息时不要制造尖锐的声音打扰他们休息，尤其是午休时间。睡前不要给孩子施加压力、责怪批评孩子，让他们放宽心情，不去思考任何问题。建议在睡觉之前给孩子喝一杯温牛奶，以帮助他们入睡。

有些孩子的视觉比较敏感，怕黑，需要一点微弱的光才能入睡。这样的孩子可能安全感不足，家长可以试着给孩子留一个小夜灯，放在卧室的角落，灯光不亮，也不会刺激到孩子的眼睛。闺蜜的孩子很怕黑，卧室又大，所以她在卧室给孩子搭建了一个"梦幻帐篷"，帐篷外有一串似星光的小彩灯，孩子在帐篷里入睡后，她再去将灯关掉，孩子睡得很好，也不再哭闹、吵着一个人睡害怕了。

高敏感的孩子之所以会没有安全感，很大程度上是因为他们的敏感无人理解，甚至被曲解和误解。当孩子出现敏感行为时，要第一时间告诉孩子："不要怕，孩子，你的敏感我都懂。"让他们知道，爸爸和妈妈是和他们站在一起的，他们的苦恼和困惑有人理解，他们也可以打开心扉，将心中的想法和感受说出来。

要给高敏感的孩子一点时间，他们或许很慢，很在意他人的看法，会对细微的刺激感觉很敏锐。这些看起来与别人不同的行为，是他们从出生开始就拥有的，当出现质疑或指责时，高敏感的孩子会陷入思维误区，产生自我怀疑，不知道这些行为是对还是错。其实高敏感行为无所谓对错，是一种特殊的天赋，那些小敏感可以是丰富生活的一部分。我们要给高敏感的孩子时间去适应、去接受。

守护高敏感孩子的心，就从接受他们的一切开始吧！

第二章

高敏感不是缺陷而是宝藏

高敏感天性是缺陷吗？

同事赵斌是一个具有高敏感人格的人，他从五岁开始就感觉自己与别人不一样，曾经一度认为自己的行为是怪癖，是一种天生的性格缺陷。

他对我说："我对巨大声响有恐惧心理，开门、关门、大声说话，我都认为是别人对我不满意的表现，是他们在对我发脾气。在跟别人交流时，我会格外注意他们流露出来的神情，有时一个无心之举也会令我思考半天。会因为微不足道的小事反思自己，总会纠结是否是自己做错了事而让身边的人不满意。也常常受到伤害，一件小事也能让我抱膝痛哭。我很容易看穿别人的想法和心思，甚至可以根据别人的只言片语来推断事情的走向，而事实证明我的推断都是正确的。我敏感多疑，心思很重，一直都不知道该怎么办。而且最严重的，我觉得这是一种天生的缺陷，因为我从小玩手机就知道删除记录，甚至还会添上一些寻常的痕迹来掩人耳目，这样就可以不让父母看出我的真实目的，我感觉自己太可怕了……”

从赵斌的言辞间可以看出他具有高敏感人格的特点：社会共情能力强，观察力敏锐，对声音敏感。同时也看得出他的记忆力超强，能记得儿童时期做过的事情和感受。可以说，高敏感人格从儿童时期就已经存在了，由于没有得到正确的干预和引导，赵斌长大后参加工作，依旧认为他的这种高敏感行为是怪癖，是性格上的缺陷，一度很焦虑和痛苦，不清楚如何是好。

与赵斌相处一段时间后，我发现他做事一丝不苟，可以很有条理地办好领导交给他的每一项工作，并且还能很快地察觉到身边同事的困扰，主动帮助他们解决问题。于是我建议他去人事部门竞聘，他的这种性格很适合做人事工作，观察力敏锐，共情能力强，这两点可以让他在与员工沟通时事半功倍，沟通的效果也会更好。

事实证明，赵斌在人事管理方面做得确实很不错。营业部的小张因为犯错太多被单位劝退，赵斌负责去沟通，他察觉到小张的情绪出现了问题，有些悲观和无奈。而小张从入职开始表现就很优秀，业绩也不错，这几次犯错可以说是出乎意料。于是赵斌跟小张谈心，了解到小张是因为母亲脑梗住院，他夜夜护理，再加上高昂的手术费，让他承受着身体和经济的双重压力，导致上班时情绪波动太大，精神恍惚才犯了错误。了解了情况的赵斌跟领导汇报了小张的情况，鉴于小张一直以来的优秀表现，领导决定再给他一次机会，让小张忙完母亲的手术之后再负责项目。最后的结果让人感到欣慰，小张的项目做得很成功，帮公司拿到了一笔高额的佣金，赵斌也得到了同事和领导的好评。

赵斌说：“这太神奇了，我一直以为自己的行为很怪异，像个怪胎，没想到还能帮助人，如果小时候有人告诉我就好了。”

成年人的很多心理问题都要归咎到童年时期，儿童的心智不成熟，对自己和世界都处于探索阶段，他们不能精准地表达自己，对事物的感触也不够深刻。因此家长要发挥自身的作用，及时了解孩子的心理情况，关心他们的心理健康，关注他们的情绪问题，有针对性地做出正确的引导。

高敏感的孩子会出现一些与其他孩子不同的行为，这个时候就需要家长来帮助孩子建立自信，充分认识高敏感的行为，有意识地去开导孩子，将这种高敏感行为引导到合适的方向，有侧重点地训练，从而实现高敏感天赋的转化。

最重要的还是那句话，要告诉孩子：“你的行为是正常的，这不是怪癖，你也不是怪人，这些都是你与生俱来的天赋，不是缺陷。”简单直接，让孩子形成一种意识：这种行为是天赋，是独一无二的能力。

儿童心理学家们认为，孩子的情绪问题要及时处理，不要将问题带到成年。

朋友小惠在小时候也是个“有缺陷”的小孩子，她经常自言自语，喜欢跟花草虫鱼说话。而她的爸爸绝对是一个心理素质超强的男人，在发现孩子出现这种行为时，忽略了外界“自闭症”和“怪小孩”的声音，他认为应该给宝宝时间去探索世界，可以观察一段时间。

小惠四岁的某一天，爸爸看到她蹲在路边一动不动，于是也跟着蹲在旁边，发现女儿聚精会神地看着面前的小花，他好奇地问：“宝宝，你在看什么啊？”小惠把小手放在嘴边：“嘘，小花们在说悄悄话。”爸爸又问：“它们在说什么啊？”小惠说：“小白花说要吃饭，小红花说想喝水。”说着，小惠站起来去取了一碗水放在小花前面。他没有打断女儿的话，也没有制止她的行为，而是引导她说：“宝宝，你应该把水浇在花上，放在地上小花喝不到，就像这样。”爸爸端起碗里的水浇在花上，小惠有模有样地学着。

这段记忆一直在小惠的脑海里存在，她也记得小时候很多人说她是自闭症小孩，这辈子都完了。是她的爸爸一直鼓励她，引导她将专注力转移到绘画上，将自己看到的一切画出来，后来老师还夸她的作品有灵性，是个绘画天才，可以一直培养。

具有高敏感特征的孩子内心也很敏感，更多的人体现在超强的记忆力上。很多成年人认为的玩笑话或者是不经意流露出的神情，小孩子都会记得。很多时候，父母正确的引导可以锻炼孩子的能力，帮助孩子塑造较强的自信心，有助于孩子理解自己的行为和意识。

美国的心理治疗大师维琴尼亚·萨提亚是家庭治疗的先驱者。她认为，每一个人都与自己的原生家庭有着千丝万缕的联系，而这种联系很可能会影响他的一生。

所以家庭对一个孩子的影响是深远的，而具有高敏感人格的孩子格外需要父母的正确引导。以上两个案例足以证明，忽视与干预，会产生两个不同的结果，而孩子未来的成长是不能被忽视的。

及时干预，正确引导，告诉孩子高敏感行为并不是一种缺陷，这才是最重要的。

自我否定与过度自信

朋友家的孩子筱萍很容易被身边的人影响到心情。被亲戚夸长得漂亮就会很高兴，老师一个鼓励的眼神会让她信心满满，这本是好事，她会像个小太阳一样去吸收正能量。但是当出现批评和指责的声音时，她会陷入负面的情绪中不能自拔。比如被奶奶说太敏感了总是哭，她就会自责，觉得自己做错了。会因为老师的一句话想好几天，遇到困难会感到焦虑，犯了错更会情绪低落，认为自己很没用。

除此之外，筱萍的触感很敏锐，属于易过敏体质，只要衣服面料硬一点，或者做工粗糙露了线头，她的皮肤就会发红发痒，常常让妈妈感到头疼。而她感受到妈妈的情绪后也会自责，认为是自己让妈妈困扰了，继而又开始否定自己。甚至当家里出现一点争吵时，她都会认为是自己的原因，一定是因为自己不乖才导致爸爸妈妈吵架。

高敏感的孩子容易陷入自我否定的怪圈，他们会将别人的矛盾归咎到自己身上，会自我检讨、审视一番，总是思考自己是否哪里做错了，过于小心翼翼、为他人着想。

这个时候需要家长及时关注他们的情绪和状态，要细心地呵护那颗敏感的心，认真地聆听他们内心深处最真实的想法，不要忽视他们的感受。

然而，有些家长在家庭角色中扮演着强硬的一面，崇尚“一刀切”式的教育，即使倾听也能让孩子感到强势和压力，这样是不提倡的。

比如要求孩子在社交活动中积极主动，勇敢地表达自己的想法。这里提了“积极主动”和“勇敢”，殊不知，敏感的孩子根本不喜欢这种方式，他们在表达自己的想法之前要做很多准备工作，就像做选择题一样，需要经过深思熟虑才能表达自己的观点。

但这位“一刀切”式的家长他心急呀，希望孩子能够快点举手，主动表达观点，就像辩论赛中的选手一样雷厉风行。于是他殷切地看着自己的孩子，期望他按照自己的要求去做。但这会给孩子带来很大的压力，也达不到倾听和交流的效果。

而孩子这边呢，没有达到家长的预期，又会敏感地陷入深思：“爸爸脸色不太好，我又让他失望了，我果然还是不行，连这一点小事都做不好，我真没用。”

高敏感孩子本身就对他人的情绪和外界的信息比较敏感，再加上家长错误的引导，孩子很容易会认为是自己有问题，那些敏感的行为都是缺陷，最终陷入自我否定中去。

这种情况所反映出来的是敏感行为缺陷论，即认为孩子的高敏感行为是缺陷，需要剔除，不应该让那些“怪异”的行为影响孩子未来的发展。家长们只看到了敏感劣势的一面，比如胆小，做事慢，思考时间长，容易受他人情绪的影响，对小事敏感多疑等。忽略了高敏感可以转化为优势的可能，或者说家长们不够了解，对这方面的认识也不深。

还有一种情况，家长对高敏感特质有清楚的认识，知道这是一种与生俱来的天赋，但过度看重天赋的一部分，忽略了转化的过程。他们对孩子抱有很大的期望，并且在生活和学习中过分鼓励孩子，甚至有些过度追捧。

恰到好处的鼓励会增强孩子的自信心，而过度追捧可能会使孩子变得骄傲自满，再加上家长的有意引导，孩子会自我膨胀，认为拥有高敏感特质的人很了不起，是能实现远大目标的人，而这就属于过度自信了。

小辉是个内向害羞的男孩，因为高敏感的行为经常被人误解和批评。他的妈妈很好强，在知道高敏感是一种天赋后就经常在他面前提起，告诉小辉他拥有与众不同的能力。

小辉妈妈的做法其实有些急切了，她迫切地想要改变孩子的状态，给他鼓励和支持，可是过犹不及，鼓励太多，孩子的心态会发生变化。在妈妈的熏陶下，小辉认为自己生来就与别人不一样，虽然有些敏感的行为，但将来一定会成就一番事业，前途一片光明。他开始过度自信，只强调高敏感转化后的优势力量，忽略了中间拼搏和努力的过程。

小辉的过度自信与高度推崇高敏感本身，其实是受了母亲的影响。高敏感到底是劣势还是优势，能不能发展成敏感力、成为天赋，还是一个未知数，在没有实现转化前，一切都有可能。家长要做的不是否定孩子的敏感行为，也不是高度赞扬孩子的高敏感特质，而是要掌握一个度，选择一个能让孩子接受和吸收的方法。

孩子就像一张干净的纸，我们给他们施加压力，他们的心就会出现褶皱，会感觉压抑不舒服，还有可能会丧失自我，最后就算按照我们的想法改变了，也不再是当初的那一张纸了。我们给他们过多的鼓励和吹捧，他们的心就会膨胀，被捧到很高的地方，然后骄傲、自负，看不到真实的自己。

其实，我们并不是要一张昂贵无比的、镶金边的纸，我们想要的不过就是原本的那张纸，虽然有些小敏感，但是却包含着我们的初心。

高敏感不过是孩子身上的小特征，要让孩子既不妄自菲薄，也不骄傲自满，追求中间的平衡就好了。

要把高敏感看作是一种很寻常的性格特征，不过度贬低陷入自我否定，也不一味追求完美而过度自信，要辩证地看待高敏感特质。

既然是宝藏，那么必定存在光芒。孩子的闪光点只是被覆盖了，要经过磨砺才能实现转化。凡事都需要用辩证的心态去对待，坚持适度原则。高敏感特质对于孩子来说或许是负担，因为与众不同，所以需要承担更多，需要消化的情绪和信息也就更多。应该让他们学会将高敏感淡化，以平常的心态对待，做到“不以物喜，不以己悲”。不要因为高敏感特质影响了心情，干扰了正常生活，不要因为别人的评价和看法而陷入自我否定的黑洞，也不要过度看重高敏感的“天赋论”，膨胀自满、用高标准要求自己，走进过度自信的误区。

父母应该让孩子知道，高敏感特质没有想象得那样糟糕，它不是缺陷，同时也没有预想中的那般强大与无所不能。要把它当作再寻常不过的一种特质，好好学习如何将它的优势发挥出来就够了。

做普通人中的"特殊人"

"你以后想成为什么样的人？"

"什么意思，难道我以后就不能成为我自己吗？"

这是《阿甘正传》中妈妈问阿甘的问题，阿甘没有正面回答，而是提出一个疑问。

"长大以后要成为什么样的人"，我们绝大多数人在小时候都被问过这个问题，很多人也曾憧憬过气势磅礴的未来，可长大后一切归于平淡，才发觉原来成为一个做自己的普通人就很好。芸芸众生，普罗大众，大多数人都是平凡的普通人，挣扎在纷繁复杂的尘世中，有坎坷，也有欢乐。

高敏感儿童因为敏感特质而与众不同，是普通人中特殊的存在。但实际上高敏感这个概念还在逐渐被人们接受和理解的过程中，也有很多人从来没有接触过，所以才会给孩子贴上"敏感"的标签。

人们对于未知的领域往往充满抵触，趋利避害是人类从狩猎时代开始就有的习惯，也是一种自我保护机制。面对一个异于常人的高敏感儿童，他们的敏感行为难免会让人难以理解。普通人很容易对他们产生误解，对他们的行为存在偏见。而这些偏见和误解对于高敏感孩子来说，会成为负面情绪的来源，也会增加他们的心理负担。

这个时候就需要父母及时引导与帮助，认可孩子的小敏感，给他们支持，减轻心理负担，引导他们走出困境。

具体有如下方法：

首先，要让高敏感的孩子接受自己的与众不同，正视自己的小敏感。

当孩子有高敏感的行为时，父母要尽早实施干预措施，缓解孩子内心的疑惑和不安。当孩子表现出高敏感的特征时，他们会察觉到自己和别人不一样，如果父母认为孩子的敏感行为异于常人，不报以理解的态度，他们就会困惑，会反省，会自责，还会陷入自我否定的僵局。他们的大脑就像塞了车的高速公路现场，被负面情绪堵塞了。当孩子的脑海中反复浮现出“怎么只有我这样”时，作为家长能告诉他们：“孩子别怕，你的敏感我都懂。这些行为都是正常的，你只是与众不同，而不是患有某种疾病。”这样会不会能让他们好受一些？

与其让孩子沉浸在胡思乱想中，不如直接告诉他们实情。有些家长认为这样做会过于坦率，孩子还小，他们什么都不懂啊，告诉他们异于常人，他们会不会多想？会不会不能接受这个事实？

其实高敏感的孩子远比我们想象的要坚强、懂事。因为与生俱来的敏感特质，他们会不由自主地深度加工自己所接收的信息和情绪，如果直接告诉他们与一般的孩子不一样，他们反而会释怀：“哦，原来如此，因为我们本身就与一般人不一样啊！”

做一个“特殊人”也很好，接受自己的与众不同，孩子的生活可能会更简单，没有多余的压力，也不必被外界的信息困扰。当他们再听到“这孩子真敏感”或者“一般的孩子都能做到，为什么你做不到？”之类的评价时，他们就会想到“这很正常，因为我是高敏感的人”。要让孩子有这样的自觉，不把高敏感行为当成怪异，要把它当成普通人没有、只有他们才拥有的天赋特质。

其次，教会孩子认识敏感特质的优点和缺点，知道自己身上的不足，发挥优势，纠正会影响生活的敏感部分。

在接受和承认自己是“特殊人”后，高敏感的孩子还要学会区分自身高敏感行为的优劣势。我们在认知事物时最忌一刀切，凡事都有两面性，要从正反两个方面看问题。

高敏感孩子的优势就是做事稳妥，认真负责。而缺点是给人一种犹豫不决、胆小懦弱的感觉。既然孩子的大脑思考能力能够得到锻炼，那么就应该继续培养。高敏感孩子在思考之前也要告诉身边的人自己内心的想法，请他们多给一些时间让自己去思考，这样可以避免不必要的误解，双方都能感到舒服，人们对高敏感的孩子也不会产生负面评价。

所谓转化高敏感特质、形成敏感力，就是要在孩子能够接受的前提下，发挥优势作用的同时纠正劣势的部分。

朋友家的孩子小璇是个与众不同的孩子，从小的表现就很特别。在拥有高敏感的所有特质之外，她还拥有丰富的想象力，天马行空，时常让人感到意外。她经常做梦，梦里面千奇百怪，也时常幻想不存在的东西，并且愿意主动分享给周围的人。可这样的行为却被人误解为精神异常，认为她有妄想症。

小璇很不理解周围的人对她的评价。她是一个外向型的高敏感儿童，她把这件事说给妈妈听，妈妈给了她很大的支持和理解，并且鼓励她将想到的事物记下来，像写日记一样。妈妈对小璇说：“不要在意自己与别人的不同，我们每个人都是独一无二的，当然不会一样了！”

明确地告诉孩子，高敏感的孩子就是与众不同，是普通人中特殊的存在。高敏感特质不是人人都有，何必把这种特质隐藏起来呢？不如告诉所有人：“我是一个高敏感的孩子，我是一个特别的人。”

小璇的妈妈告诉她，别人的批评如果有道理，那么我们要虚心接受，改正错误就可以了，不需要多想。

孩子的成长很大程度上需要父母的呵护和引导、支持和鼓励，尤其是高敏感的孩子，他们更需要得到父母的认可。当他们知道自己与众不同时，会更努力地去改变。孩子的世界有无限的希望，未来的他们会是什么样子，我们无法预期，但我们能做的是引导他们走上一条相对舒适的道路。授人以渔，然后放手，默默看着他们渐行渐远，独自在这个社会上拼搏。

特别的人，一定会有更多的机会。要让孩子相信，给他们积极的心理暗示，激励他们，使他们更有勇气和力量去面对生活的坎坷和磨难。

“天将降大任于斯人也，必先苦其心志，劳其筋骨……”经历得多，所以成长得快。上天赐予了高敏感孩子特殊的天赋，同样也赐予了他们特殊的磨难，让他们成为一个“特殊”的人，经历不一样的人生。

希望有朝一日，那些高敏感的孩子能够直面自己“特殊”的人生，敢于正视自己的小敏感，在历经挫折后仍有从头再来的勇气与决心。坚持自我，不忘初心，成为大勇者。

与其抛弃自身的敏感特质，执着于做一个普通人，不如接受自己，着眼当下，坦然地成为一个“特殊”的人！

教孩子正确地面对自己的“宝藏”

人们对孩子的评价大多会偏向于自我喜好，带有浓郁的主观意识。比较容易让人们接受且认为优秀的孩子通常会有个标准，比如：活泼开朗、乖巧伶俐、爱说话、讨人喜欢等。而对于一些“奇怪”或“特殊”的孩子，他们或许胆小怕事、内向害羞，或许做事犹豫、敏感多疑，又或许情绪化严重，前一秒很安静、下一秒就暴走。毫无疑问，人们对于这一类孩子的评价大多是消极的。

个人偏好存在差异，在看待拥有高敏感特质的孩子时，不同的人也会有不同的想法。一个安静乖巧、做事前喜欢深思熟虑的高敏感孩子，A家长很喜欢，觉得孩子太完美了。但B家长觉得活泼开朗、做事果断的孩子更聪明。那么这个孩子的高敏感行为在B家长眼里就等于优柔寡断、犹豫不决和胆小怕事。

古罗马哲学家卢克莱修在《物性论》中写过一句话，翻译过来是：“吾之美食，汝之鸩毒。”所表达的也是这个意思。

面对高敏感儿童，家长不能根据个人喜好和偏爱来看待孩子的行为，而是要深入发掘孩子内在的力量，追寻最原始的美好天赋。

有些家长愿意主动干预孩子的高敏感行为，帮助孩子实现敏感天赋的转化，但他们不接受孩子原本的宝藏，也不让孩子面对自己与生俱来的天赋。他们只追求改变，用所谓“众人眼中优秀的孩子”来给高敏感孩子树立标准，强行让孩子做出“正确”的改变。

比如，高敏感的孩子对信息的深度处理能力很强，但表现出来的安静内向和犹豫不决让家长不喜欢。他们认为只有外向开朗且做事果敢的孩子进入社会后才能成功，所以强制内向型的孩子转变成外向型，并且做出计划和方法锻炼孩子，以求孩子思考问题快一些，并且敢于挑战。

然而家长要知道，强行让一个内向型的孩子转变成一个外向型的孩子，只会给孩子和自己带来巨大的压力，让亲子关系僵化。

朋友丽香是个雷厉风行的女人，在职场上叱咤风云，是某公司的高管。她做事果敢，对下属的要求极高，属于权威型领导。她的孩子小梅却胆小内向，心思敏感，做选择时会犹豫不决，迟迟做不了决定，大人说的一句简单的话都会困扰到她，让她思考好几天。

有一次丽香带小梅逛超市，为了奖励孩子书法比赛得了一等奖，打算给她买一个喜欢的玩具。在玩具货架前，小梅左看右看，上看下看，想了好久都没有结果。丽香心里着急，她原本就喜欢活泼开朗的孩子，面对小梅，她总是想着如何改变，立志要锻炼孩子的品格、改掉犹豫的“坏习惯”。她给小梅规定了做出选择的时间，如果没有在规定的时间内选择一个玩具，那么这个奖励就取消。她认为有压力才会有动力，孩子迟早能被训练得很果断。

可是结果却出乎丽香的意料。小梅没有在规定的时间里做出决定，奖励被取消，小梅很伤心，情绪崩溃，坐在地上号啕大哭。这一幕引得其他顾客纷纷侧目，一时间母女二人很狼狈，成为超市里的一道“风景”。

丽香很生气，但她没有表现出来，只是抱着孩子快速离开了超市。孩子的表现也有些情绪化，回到家里一句话都不说，哭累了就回到自己的屋子里，拒绝和妈妈沟通。

丽香没有想到，自己的高标准和严要求对于孩子来说是巨大的压力。身为一个高敏感的孩子，小梅在做出选择前会思考很多。而刻意缩减思考问题的时间、限制孩子在一定时间内做出选择，会给他们带来更大的压力，甚至会让他们对选择本身感到焦虑。小梅最后号啕大哭也是因为情绪崩溃，选择的压力和妈妈的期待让她在精神上不堪重负。

由此观之，父母刻意高标准地训练孩子，改变他们的一些行为，会让孩子感觉压力很大。而高敏感的孩子会表现得更明显也更强烈一些。

我曾看到过一个被锻炼成父母喜欢的样子的高敏感孩子，演讲比赛得了第一名，父母和老师都很开心，孩子却笑得很勉强。离开人群后，他眼中的悲伤和无奈才显露出来。

小梅和这个孩子内心深处最真实的感受都被隐藏起来了。家长给他们重新设立了一个标杆，要他们向着这个目标改变和前进。就算孩子最后按照家长的意愿改变了，如果他们没能收获真我，改变也是没有意义的，只会放大他们悲伤、焦虑、郁闷的情绪。

综上所述，教孩子正确认识自己的敏感特性尤为重要，告诉他们敏感的地方不用改变，也无须按照既定标准来衡量自己，他们目前拥有的是谁也复制不了的宝藏。

那么在生活中，怎么才能让高敏感孩子认识自己的“宝藏”呢？

首先要明确接受比转变更有价值。父母要纠正自己的态度，不要用有色眼镜去看待高敏感孩子。

父母一定要从心底接受孩子的高敏感行为，不要试图将孩子塑造成你理想中的模样。高敏感孩子的内心世界很脆弱，他们容易受到外界信息的干扰，安全感的缺失也许只是因为一句话或者一个神情。因此父母需要警惕自己的态度，教养高敏感孩子不要带有主观情绪。

等孩子大一些，父母也可以主动跟孩子谈论高敏感的行为，遇到问题不要回避，要及时沟通，让他们感觉到高敏感不过是一种“特长”而已，要用辩证的方法看待高敏感特质。

孩子都有好奇心，家长越是回避，孩子就越会觉得重要，不如正面告诉孩子：“不就是高敏感嘛，没什么奇怪，有一颗平常心就够了。”

其次，忽略外界的敏感声音，保护孩子的同时也要保证自己不受影响。

在工作和学习中我们时常会碰到这样一种人，或许我们也是其中的一员，他们会不自觉地评价“突出于人群”的人。“突出于人群”的人有什么特点呢？可以异常优秀，也可以是超级垫底王。而高敏感儿童的行为在人群中会比较突出，对他们各种各样的评价也就铺天盖地席卷而来。

面对各种质疑的声音，家长首先会被“面子工程”所困扰，甚至会将负面情绪发泄到孩子身上。这是最不明智的做法，会对孩子产生不良影响。正确的做法是忽视。忽视外界的声音，遵循心中原始的想法，接受孩子一切敏感的行为，不慌不乱地保护孩子的心。

最后，不要让孩子高估自己的能力、因高敏感而骄傲自满，要以平常心面对生活。

如果一个方法行之有效，我们都喜欢反复使用来加强效果，但很多时候往往过犹不及。高敏感孩子需要更多鼓励，有些家长就将鼓励作为必胜法宝，日日说，反复夸。殊不知夸多了，孩子会对鼓励产生免疫力，时间长了会让孩子认为自己拥有别人都没有的天赋，产生过度的自信。

凡事都需要坚持适度原则，鼓励也要讲究分寸，这样才能达到最佳效果。高敏感虽然是与生俱来的天赋，但任何成功都需要日复一日的坚持和努力，只有忽视敏感本身、通过适当的方法转化，高敏感才会成为真正的宝藏。

第三章

高敏感儿童的教养误区

高敏感怕小题大做，更怕大事化小

高敏感儿童比一般的孩子更容易陷入思维和情绪的黑洞。当他们受到外界压力影响时，通常会选择将自己放置在一个相对安全的区域，就像缩在壳子里一样进行自我保护，这个时候家长的引导和帮助就显得尤为重要。在教养高敏感儿童的过程中，家长要避免走进这样的误区：小题大做和大事化小。

一般来说，具有高敏感特质的孩子会对接收的信息进行深度处理，因此让他们做出决定是很难的，他们需要更多的时间去思考。有些时候他们并不是不需要社交，而是需要深层次的交流，他们思考的内容往往比同龄人要成熟。他们渴望身边人的理解和支持，但家长往往会进行适得其反的干预。

很多家长意识到家里的孩子属于高敏感，他们意识到干预和引导的重要性，但有时却陷入了小题大做的误区。

刘娜的孩子小璐是个“小大人”，经常语出惊人，比同龄的小孩子表现得更成熟。她很会体察大人的心思，会察言观色，甚至在身边的大人情绪低落时会主动去安慰。

刘娜认为这是孩子的闪光点，是聪慧的表现，下定决心要好好培养。小璐在学校的表现也很好，老师经常夸她学习能力强，作业写得很认真。但是有一点刘娜很担忧，小璐在做决定时会长时间思考，常常给人一种犹豫不决的感觉。她觉得这件事很严重，会影响到孩子以后的成长，便决定要帮孩子解决这个问题。她给小璐规定了时间，锻炼孩子去做选择，如果超过约定的时间就会受到惩罚：减少课外活动的时间。

起先，小璐还能够按照约定的时间做出选择，但时间长了，她出现了逆反心理，会故意不做选择，甚至不愿意再和刘娜交流。后来刘娜从老师那里得知，小璐最近心理压力很大，她越来越怕做决定。因为刘娜小题大做搞“特殊训练”，小璐必须加快思考的速度，常常觉得脑袋疼，甚至会有头晕目眩的感觉。她承受的压力比选择本身的压力还要沉重，因此她本能地排斥，甚至想要逃避。

对高敏感儿童来说，过度干预就是在施压，这不仅不会帮助孩子解决问题，反而会产生更多的伤害，影响孩子成长。因此，家长的干预还要坚持适度原则，因材施教，掌握好一个度。

在许多家长挣扎在小题大做当中时，还有一部分家长认为孩子高敏感不是问题，小孩子懂什么，睡一晚就好了，如此大事化小。小孩子也是一个独立的个体，他们也会有情绪问题，如果负面的情绪没有得到解决，反复堆积，就会有质的变化，继而出现斯万高利效应。

那么什么是斯万高利效应呢？

斯万高利是一种魔术牌，曾经在美国的亚利桑那州博览会上展出。据说，这是一副神奇的魔术牌，会让人着迷。表演者会把整副牌摊开，让你去查验每一张牌都是不一样的，然后让你随便抽一张出来。假设你抽出的那张牌是红桃K，你不用告诉表演者，直接将牌放回去。接下来表演者重新拿到牌，任意洗牌，然后突然大叫一声“斯万高利”！当当当当！神奇的事情发生了，当牌被摊开，你会发现所有的牌都变成了红桃K！

这个红桃K就像会传染一般，将所有的牌都染红了。在现实生活中，负面情绪就相当于是魔术牌中的红桃K，当消极负面的情绪没有及时排解，堆积成山，那么这些压力和烦恼就会复制、繁殖，最后影响到正常的状态。

这就是心理学上著名的“斯万高利效应”。

高敏感孩子在处理自己的情绪时往往会陷入误区，他们自己无法排解，很容易让坏情绪堆积，继而陷入“斯万高利效应”中无法自拔。家长的大事化小让孩子处于水深火热之中，只有正确的处理才能缓解孩子的心理压力。

晓旭就是个典型的例子，他的母亲崇尚无为而治，认为要给小孩子自由，锻炼他们自己处理问题的能力，父亲则认为小孩子不懂什么，不会有情绪问题，睡一觉就什么都忘了。但晓旭与一般的孩子不同，他对情绪的感知更敏锐，自己受到外界的刺激后更容易产生负面的心情，他睡一觉后反而会加深不好的记忆，消极情绪依旧会停留。久而久之，他渐渐认为爸妈不爱他了，他真的很笨，他糟透了，学习成绩也越来越差。

由于晓旭的负面情绪一直没有得到排解，家长大事化小的错误观念使他的消极心理不断地复制，受到斯万高利效应的影响，他做所有的事都会带着失败感和无力感，头顶上的小乌云一直没散过。

那么我们要如何避免孩子受到斯万高利效应的波及呢？

首先，家长要用发展的眼光看待问题，教育孩子要因人而异。

高敏感孩子的每一次情绪波动都不是小事，不能随意大事化小。教育的方法没有效果，或者产生了相反的结果，那么家长就需要及时调整，不要将自己的标准强加给孩子。

同时，要教会孩子不要凡事苛求完美，要做一个权威型父母，言传身教给孩子一个好的榜样，发挥榜样的力量。父母处理情绪的方法会被孩子模仿，想要孩子成为怎样的人，父母需要首先成为那样的人。

案例中晓旭的父母就及时改变了无为而治的教育方法，不再认为孩子什么都不懂，他们开始关心孩子的情绪波动，不再大事化小，积极帮助孩子解决情绪问题，不让坏情绪堆积。

其次，锻炼孩子的能力，要有成长型思维，积极面对挫折和失败。

斯坦福大学的卡罗尔·德韦克教授在她的作品《看见成长的自己》中提出了成长型思维，她认为具有成长型思维的孩子在遇到问题和挑战时，他们的自信心更强，会认定自己可以克服困难。

授人以鱼不如授人以渔，家长在帮助孩子解决情绪难题的同时还要教会他们一种高效的思维能力，即成长型思维。在培养孩子的成长型思维的过程中，每当孩子独立解决一个难题，或者顺利稳定自己的消极情绪时，都一一记录下来，让孩子知道自己在进步。当孩子遇到难题时，要告诉孩子这只是暂时的困难，只要坚持和努力，难题一定会被攻破。

最后，解决问题要就事论事，多去鼓励，让孩子了解自己的情绪，找到平复消极情绪的方法。

高敏感孩子会经常受到情绪的困扰，教会他们进行自我疏导是非常重要的。

面对负面情绪首先要让孩子自己静一静，可以通过转移注意力的方法，比如看一会儿电视，听一首歌，画一幅画，看一会儿绘本等。等情绪稳定下来后，和孩子就事论事地分析一下负面情绪出现的原因，找到根源然后解决它。

理论知识很简洁，实际做起来却并不容易。

高敏感儿童的情绪管理不是一朝一夕就能掌握的，家长和孩子都需要有耐心。作为家长要乐观地对待高敏感孩子的行为，耐下心来好好引导，接下来的就交给时间吧。

忽视和误解

在脑神经科学的研究中，高敏感人群是具有基因优势的，科学家们认为，孩子的高敏感是由父母的基因决定的，是先天的因素，与后天原生家庭的教育无关。

然而这种基因呈现出劣势还是优势，则与原生家庭的教育息息相关。可以说，影响一个高敏感孩子成长发育的因素有很多，例如外界环境、周围的人、自身心理以及家庭教育等。其中最重要的是家庭教育，父母的教育方式和态度至关重要。唯物辩证法要求我们要抓主要矛盾，而家庭教育就是主要矛盾，是高敏感孩子提升敏感力、实现天赋转化的关键。

但在现实中，没有接触到高敏感心理学的家长难免会觉得小孩子难带，事儿多，折腾人。这些想法都是正常的，人在强压下难免会有情绪波动，特别是新晋的宝妈和宝爸，面对高敏感的孩子，往往表现出忽视和误解。

或许我举个例子会更容易理解。

同事艾丽历经千辛万苦才生下一个男宝宝，听到小生命的啼哭声时，她感慨自己的伟大，发誓要将所有的爱都给他。可是才过去两个月，她就已经感觉精神要崩溃了，家里也是一地鸡毛，用“兵荒马乱”四个字形容也不为过。

这是怎么回事呢？

原来在这两个月里，宝宝每天晚上都会哭，每隔一个小时就会醒，醒了就号啕大哭。月子里有月嫂帮忙，出了月子就由艾丽亲力亲为，往往是才把宝宝哄睡放到床上，睡了不到十分钟又醒了。如此往复，弄得艾丽整晚都合不上眼。

当宝宝再次啼哭时，艾丽满脑子都是这样的想法：天，他又哭了！他怎么又哭了！这到底是怎么了？太折腾人了！宝宝怎么这么难带！

婴儿啼哭是很正常的事情，但是整夜一直哭，很有可能是哪里不舒服了。

“不舒服”有生理和心理上的。在心理上，婴儿也会有焦虑、恐惧等不安的情绪，婴儿哭了要第一时间给他安全感，把他哄好。在生理上，尿了或者拉了臭臭没有及时换尿不湿、室内的温度和湿度不合适、尖锐刺激的声响、衣服皱在一起硌到皮肤……这些都会让婴儿觉得不舒服。

育儿专家都说抚养婴儿很简单，饿了就吃，哭了就抱，困了就哄。这十二字秘诀可以使婴儿产生安全感，拥有足够安全感的宝宝会更聪明。

可是艾丽这种情况不属于一般情况，宝宝总是哭，抱在怀里能睡一会儿，放下就醒，醒了就哭。长此以往，家长睡不好，孩子也遭罪。艾丽试了很多种方法来哄宝宝，将孩子不停啼哭的众多可能性都排查了，还是没有找到一个解决的办法，宝宝依旧哭个不停。

后来一次偶然的机会，艾丽给宝宝换了一件和尚服，这一晚宝宝竟然睡了近三个小时，这对她来说简直就是奇迹。第二天，她仔细检查了这件衣服，心想也许这个品牌的衣服面料舒适，孩子喜欢，想要多买几件，却发现衣服上没有商标。由于衣服是朋友送的，她打电话跟朋友说起了这件事。

原来这位朋友担心衣服的商标材质不好，宝宝的皮肤又太嫩，所以就把商标给剪掉了。她的孩子小时候就不喜欢穿带商标的衣服，说不舒服。

艾丽立刻将宝宝其他衣服的商标也剪掉，果不其然，宝宝的啼哭减少了，晚上也能睡个好觉了。

其实艾丽的孩子就具有高敏感特质，他的触感比一般人敏感，对衣服的感知程度更灵敏。但婴儿不会表达，只能用哭来表示不舒服，引起家长的注意。其实孩子哭时最考验的是家长的情绪和耐心，宝宝哭时家长要第一时间稳住自己的情绪，放平心态。宝宝还小，什么都不懂，哭，一定是他觉得不舒服，要第一时间找到问题的症结所在，解除令宝宝感到不适的因素。

哭，也是宝宝在寻求帮助。这个时候如果家长忽视了宝宝的求助，或者误解为宝宝在闹脾气，那么宝宝就会一直不舒服，安全感也会越来越少，甚至会产生焦虑和恐惧等负面情绪。

人们对未知领域的陌生往往会造成认知上的偏差，高敏感心理学研究表明，高敏感人群具有比一般人强很多的观察力和想象力，对事物和情绪的感受也更敏锐。他们往往会在生活中表现得很“敏感”。而这些“敏感”行为在儿童时期就已经开始出现，所以家长应尽早正视并且加以正确的引导。

一般来说，当小孩子出现“敏感”的行为时，家长很容易误解和忽视。

比如：小孩子太爱干净，衣服湿了一小块或沾上灰尘就吵着要换，迟一刻就哭给你看，这会被误解为“事儿真多”。中秋节亲戚家的小朋友围在一起玩，他偏偏要留在屋子里独自玩耍，见了亲戚不知道喊人，只会躲在家长身后低着头，这会被误解为孤僻和胆小。小孩子不愿意去学小提琴，说手疼，被家长误解为小孩子在装，为了不去上课找理由，从而忽视孩子手的问题，逼着她去学琴。

孩子出现以上行为，说明他们并不是一般的儿童，这些行为也不是太敏感、玻璃心、胆小、闹人或逃避，而是他们具有高敏感人格，是个高敏感的孩子。遇到这样的情况，家长应该第一时间了解孩子的感受，帮助他们走出情绪误区，避免孩子出现负面情绪。切不可掉以轻心，形成误解或无视的心理。

你的行为无形中伤了孩子的心

小茵在童年时期就表现得与一般孩子不同，她很在意别人的评价，也会察觉周围人情绪的变化，但是她比较内向，所以不会主动表达自己的想法。她不说，父母自然也察觉不到。但她在感官上的敏感却引起了父母的强烈关注，她喜欢将看到的物品摆放整齐，尤其是在超市，会趁着妈妈选商品时将饮料瓶朝着一个方向摆齐。走路习惯沿着一条线，并且会无意识地贴着边走。此外，她对衣服的质感要求很严，有一点不舒服就会哭着要求妈妈换掉。由于不善表达，不能清楚地说出自己内心的想法、无法精准地说出自己情绪上细微的差别，父母将她感官上的高敏感行为误解为泛自闭症，将她当作病人看待，经常带她去医院进行干预治疗。尽管医生诊断小茵并不是泛自闭症，她的父母还是格外重视，一定要纠正她的那些敏感行为，这一度让她很受伤。

小茵的高敏感特质给她带来了童年阴影，成年后依旧对医院很恐惧，宁愿忍受发烧的痛苦也不愿去医院治疗。父母的行为在无形中伤了孩子的心，这种疼痛一直持续到成年，童年阴影也一直如影随形，影响了她的正常生活。

美国心理学家伊莱恩·阿伦在她的畅销书《敏感的人：如何面对外界的压力》中写道："这种敏感并非疾病，也不是障碍，纯粹是天生具有的特质。"以往医生都难以解释的过度敏感的行为原来是高敏感，这刷新了很多人的认知，人们逐渐了解了高敏感特质，也在接纳他们的小敏感。但社会上依旧有许多人不了解高敏感人群，也完全没有听过这个名词。这一部分人在接触高敏感人群时难免会误解或忽视他们的行为，尤其是对高敏感儿童，这种漠视、轻视或者偏见，都会对他们幼小的心灵造成伤害。

如果一个高敏感儿童的父母或周边的人都没有接触过高敏感这一概念，那么这个高敏感孩子的成长就会异常"坎坷"了。孩子不会准确地表达自己的感受，尤其是那种细微的差别，这就会令身边的人感到奇怪。就像一般的孩子都会在游乐场里愉快地玩耍，而高敏感的孩子只会跟在父母身边，一切有挑战性的游戏都不想参加，甚至哭喊着要回家。他们表达不出要立即回家的原因，他们只是不喜欢这一类的游戏，对游乐设施不感兴趣，并且尖叫声不断的环境会让他们没有安全感。但是他们不能很好地表达出来，这就会给父母一种"很难带"的感觉，会觉得"好麻烦，别的孩子都喜欢玩，你为什么不喜欢呢？"也会抱怨"你怎么这么敏感呢？这很正常啊。"

父母一旦出现这样的行为，哪怕是无意识地表达出来，高敏感的孩子也会接收这一类的信息，然后不自觉地加深对这些信息的处理。他们会陷入自责中，否定自己，幼小的心灵也会受到伤害。

相信很多高敏感的人都有过这样的疑问，他们为什么会对接收到的所有信息进行深度处理？为什么会对别人不易察觉的小事观察入微？为什么那么容易受到他人情绪的影响？成年人或许自控力较强，也会自我安慰和疏导，但高敏感的孩子不行，他们一旦陷入这样的疑惑当中，就会产生负面情绪，认为一定是他有问题，所以和别人不一样。

神经科学家曾经做过这样的实验，让高敏感者与一般人执行同样的任务，用仪器监控两者的大脑，他们发现高敏感者的大脑在执行相关任务时活跃度更高，能将遇到的困难化解，看到问题的本质。研究表明，高敏感者的大脑脑岛区域比一般人活跃，而脑岛主要负责处理情感、内心状态和外界信息。这也就是为什么高敏感人群会表现得与众不同，他们从出生起大脑脑岛区域就异常活跃，能够处理更为细微的信息。

高敏感的孩子自己是不会理解自身的敏感行为的，当他们意识到自己与别人不一样，或者周围的人戴着有色眼镜看他们时，他们就会开启自我保护模式。有的孩子会用哭来表达害怕和不安的感觉，有的孩子则将自己封闭起来，躲到自己的安全区域。这个时候父母就要注意自己的一言一行，不要试图强行将他们从舒适区拖拽出来，而是要循序渐进地引导他们。

高敏感孩子的父母要格外注意自己的言行。当孩子准确地表达出自己的心情，说出害怕或恐惧的来源时，我们不能用“孩子你太敏感了，你怎么会怕这个呢？”来回应他们，而要这样回应：“哦是这样啊，我能理解你的心情，其实这件事没有你想象得那么可怕。”说完后，让孩子感觉到我们和他们是站在同一战线上的，并不是对立面，当孩子平复心情后，再一起解决眼前的问题，用实际行动告诉孩子：这没有你想象得那样可怕。

当高敏感的孩子对父母打开心扉、说出自己心中所想时，父母却用惊讶、反问的语气质疑他们：“你怎么会这么想？这有那么可怕吗？天啊，你好敏感啊！”只要几句话就会将敏感的孩子推远。孩子鼓起勇气说出自己的困扰，可是却没有得到父母的重视和支持，这种行为对高敏感孩子来说是很沉重的打击。他们最信赖的父母没有给予他们关怀和帮助，他们可能会因此一蹶不振，不再表达，将自己真实的想法隐藏起来。这个时候父母再想走进孩子的心，倾听他们的心声就很难了。

切记！不要将孩子的高敏感行为看作是障碍或疾病。

有一部分父母误以为孩子的高敏感行为是泛自闭症的表现，或者是神经障碍，将这种行为看作是疾病，需要治疗。于是在生活的各个方面对孩子呵护备至，小心翼翼，殊不知这也是在伤害孩子。

在一定程度上，过度的呵护和温柔的保护也是一种暴力，对孩子来说，也会给他们带来不可磨灭的阴影和伤害。父母过分小心的眼神和行为原本是为了更好地保护敏感的孩子，可是在高敏感孩子眼中，这些行为都是刺痛的来源，是不安的因素。他们会认为别人都在注意他们，觉得他们是病人，需要治疗，可只有他们自己知道，他们是正常的。

障碍在很大程度上是贬义词，不应该用在高敏感的人身上，尤其是高敏感儿童身上，这会给他们造成误解。我们要让孩子知道，高敏感只不过是众多人格特质中的一种，就像内向一样，是很寻常的。它并不是疾病，也不是障碍，而是可以转化为优势的。

有些父母在面对孩子的“小敏感”时会控制不住自己的情绪，脱口而出一句“别这么想，其他人根本注意不到你”。这对一般的孩子或许很奏效，因为一般的孩子没有高敏感孩子的烦恼，不像高敏感孩子那样会在意别人的评价、受他人情绪的影响、对细微的事敏感多疑。可是当父母对高敏感孩子这样说时，孩子会认为这句话没有可信度，因为他们自己很擅长观察别人、在意别人说的话，所以在他们眼里，所有的人都应该和他们一样在意。但事实不是这样的，父母知道，心理学家知道，只有敏感的孩子不知道。与其敷衍一句“别多想了，别人不会注意你的”，不如直接告诉孩子：“你就是与众不同的高敏感孩子。”还要告诉孩子不要被这些“小敏感”困扰，这不是缺陷，而是可以转变成优势的特质。

父母在教养高敏感孩子的时候，不能像对待一般孩子那样，要有身为高敏感孩子父母的觉悟。在管控好自己情绪的基础上，再去教导孩子，给他们想要的安全感和归属感。

情绪波动会使孩子更敏感

高敏感孩子的共情能力强，他们会很精准地感知到身边人的情绪，简单来讲就是“喜怒哀乐我先知”。坏情绪具有传染性，就像心理学当中的踢猫效应，因情绪问题引发连锁反应，最后伤人伤己。而对于内心敏感的孩子来说，他们对情绪的感知更具有“感同身受”的效果。当周围的人悲观、情绪低落，他们往往也会伤心哭泣。当身边的人情绪失控、暴躁，他们会害怕、会产生恐惧心理。长此以往，他们的内心会更加敏感与缺乏安全感。

南迪·内森是美国密歇根大学的心理学教授，他曾做过一项研究，研究结果表明：在一般情况下，人的一生大概有30%的时间都处于情绪不佳的状态。情绪问题的出现会影响到生活的方方面面，因此人们要花费很长时间和精力去控制自己的情绪，以减少负面情绪的波动给生活带来的严重后果。

现在让我们一起听一个心理学效应的小故事，这能让我们更加清晰地感受到负面情绪会带来怎样的伤害。

心理学中有一个著名的概念：野马结局，那么什么是野马结局呢？

在一望无际的非洲大草原上，正可谓“风吹草低见牛羊”，然而茫茫草原上此刻没有牛羊，只有几匹非洲大野马，它们在恣意地啃着草，惬意又舒服。不多时，草原上卷起一团黑雾，瞧仔细了，原来是野马的“老朋友”——吸血蝙蝠。野马原本欢快的心情一扫而空：这该死的蝙蝠怎么又来了！非洲草原上的吸血蝙蝠常常骚扰野马，它们靠吸食野马腿上的鲜血而生。当野马被叮咬时，它愤怒呀！怎么没完没了了！于是它暴怒、狂奔，想要通过极速运动甩掉这些吸血的“小怪物”。但野马无论怎么快速奔跑，蝙蝠的利齿依旧深深咬在马腿上，执着又讨厌。于是野马更加暴怒，狂奔不停。最后的结局是野马累死了，躺在草原上不动了，而蝙蝠吸饱后又悠闲地飞走了。

其实动物学家做过实验，吸血蝙蝠每次的吸血量很少，根本不能威胁到野马的生命。所以蝙蝠吸血并不是野马致死的主要原因，真正导致野马死亡的是暴怒和狂奔。

唯物辩证法告诉我们事物的发展是内因和外因共同作用的结果，内因是事物发展的根据，外因是事物发展的条件，外因通过内因起作用。在野马事件中，蝙蝠吸血只是外在的条件，而野马结局的内因则是情绪失控，瞬间的情绪爆发和狂奔最终导致了身体的毁灭。野马结局告诉我们负面情绪的影响是深远的，学会控制自己的情绪格外重要。

家里有个敏感的孩子，家长就更应该格外注意自己的情绪，发现问题要及时调整。积极乐观的情绪可以让孩子更加自信和快乐，而消极悲观的情绪也会波及孩子，让他们感到害怕和焦虑，甚至还会产生童年阴影。

晓晓就是一个内心敏感的孩子，她的心情非常容易受到外界的影响，更确切地说，是比较容易受到周围人的情绪影响。在幼儿园里，明明是别的小朋友犯了错误，老师批评时最先哭的却是她。和她常在一起玩的伙伴因为摔倒哭了，她也跟着一起哭。她总是最先感受到周围人情绪的波动和变化。

晓晓生活的家庭环境很复杂，妈妈和爸爸是重组家庭，她有个同父异母的哥哥，奶奶有些重男轻女，对哥哥很宠爱，她常常受到不公平的对待。妈妈与奶奶的关系不好，爸爸和妈妈也经常吵架。在晓晓的家庭生活里，争吵是家常便饭。每次大人吵架，晓晓就躲在衣柜里哭。与她最亲的妈妈情绪化越来越严重，不仅情绪波动大，还常常将坏心情带回家。每当妈妈出现负面情绪，晓晓就会害怕，战战兢兢地不知道怎么办。时间长了，她开始变得有些恐惧，出现交往障碍，不愿意去幼儿园。

情绪失控会使高敏感的孩子更敏感，而晓晓又属于内向型，一旦出现心理问题，如果不及时干预就会愈演愈烈，形成情绪黑洞，久而久之就会形成童年阴影。晓晓的妈妈虽然情绪化问题严重，时常控制不了负面情绪，但幸好她很注重孩子的成长。她及时发现了晓晓的异常情况：不愿意去幼儿园，奶奶和哥哥在客厅时更愿意躲在卧室，不爱说话，睡觉容易惊醒，醒来就大声哭，情绪比较低落，做什么都闷闷的。晓晓的妈妈见孩子问题严重，就带孩子去看了心理医生，医生在了解孩子的情况后给出的建议是：想要治好孩子的心理问题，首先家长要学会控制住自己的情绪。

我一直认为，孩子的世界是最干净的，就像蔚蓝的天空，乐观向上的积极情绪就像飘在空中的白云，孩子看到的可以是棉花糖，也可以是可爱的小动物。而低落悲观的负面情绪就像黑漆漆的乌云，孩子看到的是令人害怕的闪电，听到的是轰鸣的雷声，满眼都是恐怖的黑色。

治愈儿童心灵上的创伤，父母积极的情绪和态度就是最适合的创可贴。想要给孩子提供一个良好的家庭氛围，父母学会控制住自己的负面情绪格外重要。教育孩子，其实就是考验父母把控情绪的能力，再加点耐心，让时间去沉淀，而其中的难点就在于“情绪把控”。

那么晓晓妈妈是怎么做的呢？

首先，她练习稳定自身易波动的情绪，接受心理医生的治疗，缓解焦虑和压力。家里的矛盾是她焦虑的源头，矛盾太多，需要慢慢梳理，而最重要的就是夫妻关系，夫妻关系改善了，婆媳和亲子矛盾就会缓解许多。她开始积极地跟丈夫沟通，主动说出自己焦虑的事情和生气的原因，丈夫离过一次婚，更渴望家庭和睦、婚姻幸福，因此也配合妻子好好经营婚姻，主动缓和家里紧张的气氛。

其次，改善家庭关系，给晓晓一个充满安全感的成长环境。鉴于家庭关系的复杂性，在晓晓的心理问题解决之前，她决定暂时远离婆婆和继子，安排他们去散心，并且由丈夫提出要他们在老家住一段时间，顺便探亲。想解决复杂的家庭矛盾就要徐徐图之，慢慢缓解，此时最重要的是晓晓的心理健康。

最后，改善亲子关系，多一些陪伴和交流。由于晓晓是高敏感的孩子，本来就敏感脆弱，因此父母需要投入更多的精力和时间去陪伴她成长，改善性格中内向的部分，陪她一起去社交，和小朋友做游戏，一起看书、玩乐高、学编程，让孩子的世界丰富起来，慢慢开导她重新去幼儿园。晓晓的妈妈将晓晓看作是一个独立的人，尊重她的选择和决定，并且向她道歉，解释是因为妈妈的坏情绪吓坏了她，以取得她的原谅。

经过半年的努力，晓晓渐渐变得愿意参加集体活动了，开始喜欢和幼儿园的小朋友玩，和父母的关系也越来越好，还学会和爸爸撒娇了，遮在她心上的乌云终于散开了。

儿童的心理问题要及时发现和治疗，让孩子把疼痛和伤感留在过去，带着快乐和幸福走向未来。

爱孩子，就请父母消除内心的负面情绪，将正能量传递给他们，让孩子在阳光下茁壮成长。

沟通无效与大吼大叫

现在的家长越来越重视对孩子的教育，从胎教、早教到兴趣班、线上外教课，家长愿意花费大量的金钱和时间在孩子的教育上，甚至斥巨资购买学区房，只为了不让孩子输在起跑线上。

对于“天赋异禀”的高敏感儿童来说，他们的教育需要花费家长更多的精力和时间。孩子的高敏感行为需要被家长重视，但许多家教内容都是纸上谈兵，如何教养好一个高敏感孩子，有时是仁者见仁、智者见智的。

莎士比亚曾说过，一千个观众眼中有一千个哈姆雷特。

育儿专家都认为与孩子沟通很重要，不仅要注重沟通方式，更要注意沟通时的态度。

但是面对具有高敏感特质的儿童，家长很容易陷入误区，造成无效沟通。掌控不好自身情绪的家长还会不自觉地对孩子大吼大叫，增加教养难度。

丽萨最近发现自家二宝跟大宝有些不一样。

客厅里到处堆满了玩具，丽萨想要穿过客厅走到卧室取一本书，竟然发现没有可以下脚的地方。她刻意提高了声音，语气中带有一丝责怪："妈妈不是说过了吗？玩具不可以乱丢，怎么又弄得客厅乱糟糟的！哥哥和妹妹，现在立刻把玩具放进收纳箱！"话音刚落，哥哥无动于衷，反而玩得更欢快了，而妹妹看了看妈妈，然后很乖巧地将自己的玩具一件一件放进了箱子里。过了一会儿，哥哥才慢吞吞不情愿地去收玩具。不止如此，丽萨还发现妹妹很容易受到他人情绪的影响，看动画片会哭，察觉到妈妈不开心会主动去抱抱。她渐渐感觉妹妹太敏感了，下雨或者阴天时，妹妹会闷闷的，还会主动安慰哭闹的哥哥。妹妹对一切毛线类的衣服过敏，只要穿上就会觉得身上发痒难受，要求脱下来，帽子和围巾更是戴不了。

有一次，奶奶不小心将妹妹最喜欢的玩具碰坏了，妹妹这次倒是没哭，只是很难过地盯着那个玩具。奶奶说："哎呀，玩具坏了，你要是喜欢这个，奶奶再给你买一个新的，别难过啦！"谁知，本来没哭的妹妹撇撇嘴一下子哭了起来："我不要新的，我就要这个！"奶奶很疑惑，跟丽萨小声嘟囔："刚才还好好的，怎么又哭了，这孩子太难带了。"妹妹对声音很敏感，奶奶刻意压低的声音还是被她听到了，于是哭得更厉害了。

这就是一次典型的沟通无效。奶奶没有重男轻女的思想，但由于妹妹心思太敏感，奶奶有时就会出于本能更喜欢活泼开朗的哥哥。有两个孩子的家庭应该注重孩子之间的平衡，如果其中一个孩子具有高敏感特质，那么就要格外注意。在丽萨家，很多时候高敏感的妹妹会感知到亲人不自觉流露出来的神情，一句非常简单的话会往深了去想，比如"哥哥会主动跟邻居打招呼，比妹妹强多了。妹妹就是不爱说话，总躲在我身后，不像哥哥爱说爱笑讨人喜欢。"

高敏感的孩子会加深对简单话语的理解，追求更深层的意思，常常多想甚至想偏，陷入负面情绪的循环，钻进牛角尖走不出来。

奶奶在丽萨的影响下，愿意去跟妹妹沟通和交流，但很多时候都处于沟通无效的状态。在与高敏感儿童沟通时，沟通者要格外注意沟通时的语言、动作、神态、语气，以及技巧。要学会倾听和引导，在循序渐进中摸清高敏感儿童的思维惯性，从而知道他们的内心所想，引导他们向正能量的思维进行转变。

在与高敏感孩子沟通的初期，家长往往不知道如何去沟通，又怕哪句话会碰触到孩子敏感的心。遇到这种情况，家长可以首先去当一个倾听者，引导孩子说出自己的想法。如果孩子不开口，或者只会哭泣，家长不妨放低姿态，试着改变思维，将自己放在与孩子平等的角度上，适当地示弱。

前文中的丽萨就是这样与妹妹沟通的，她先安抚妹妹的情绪，用转移注意力的方法让妹妹停止哭泣。在妹妹的情绪稳定下来后，她蹲下来看着妹妹说："妹妹，你帮妈妈一个忙好不好？你告诉妈妈刚才你为什么哭得那么伤心呢？"

妹妹的眼圈又红了，但是没有继续哭。"我不要新的小海马，我就要这个小海马。"妹妹说着指了指地上那个坏了的小海马。

丽萨把小海马捡了起来，说："妹妹很喜欢这个小海马，想要继续和它玩对吗？"

妹妹说："这是爸爸给我买的，我不要新的。"

丽萨笑着说："原来妹妹是喜欢爸爸买的玩具啊，因为这是爸爸送给你的生日礼物，所以你最喜欢对吗？"

妹妹害羞地笑了笑。

丽萨说："可是这个小海马已经陪了你很长时间，它有点累了，生病了，我们让它去休息好不好？等爸爸回来了，让他再送给你一个别的小动物。"

妹妹看着坏了的小海马，想了想，点点头说：“小海马病了，让它休息。”

丽萨笑着抱起妹妹说：“那我们一起把生病了的小海马收起来，让它好好休息好不好？”

妹妹笑着点头：“好。”

家长想要实现有效沟通，是需要花费大量的精力去研究的。尝试了解孩子的内心世界，学会倾听他们的声音，会让我们在沟通中得到更多。

心理学家认为，要想解决孩子的问题，首先要解决父母的问题。

与孩子沟通很考验父母的情绪涵养，与沟通无效结伴而来的还有大吼大叫，对高敏感孩子大吼大叫可能导致的后果会比一般孩子来得更猛烈。会让高敏感孩子更容易感到害怕、恐惧、没有安全感，继而会认为“爸爸和妈妈不爱我了”。

相信很多辅导孩子写作业的家长都有过这样的状态：愤怒，但还要忍着不能发火。很想一口气跑上山咆哮几声，却只能停留在想想的阶段。

辅导孩子做作业最能考验父母的情绪，在沟通中也需要更多的耐心和勇气，辅导前心平气和、情绪稳定，辅导后宛如褪去一层皮，高血压患者更要慎重靠近，这是万千家长流不尽的辛酸泪。

小区的饭团妈妈就处在水深火热之中，每天辅导儿子写作业，还要顾及儿子敏感的小神经，还好她很会管控自己的情绪，每天默念一百遍“看淡一切，生命最重要”。然而有一天，饭团妈妈应公司要求去店里审计，很晚才能回来，辅导作业的重任就交给了饭团爸爸。爸爸没有经验，一时间情绪失控，忍不住吼了孩子。爸爸平时就一脸严肃，小饭团本来就害怕爸爸，被吼了之后更加害怕，晚上睡觉还梦到被骂，哭醒了。饭团妈妈彻夜安慰小饭团，总算将他哄睡。

高敏感儿童的内心世界比一般孩子更柔软，对外界的感知也更细腻，相应的，他们更容易受到外界的影响，心灵也更容易受伤。

对于高敏感儿童而言，身边亲近的人是他们最信任的依靠，尤其是父母，他们会对父母产生依赖性。当家长因沟通无效或情绪失控而大吼大叫时，孩子会感到害怕和恐惧，继而缺乏安全感，对外界产生畏惧心理。长此以往还会产生自我怀疑和否定自我的情况，甚至出现自卑感。

因此，对于高敏感儿童的教育，家长更要细心，避免进入教养误区。“棍棒底下出孝子”的古训早已不适合教育现在的孩子，大吼大叫也是一种错误的沟通方式。

我们要把具有高敏感特质的孩子当作是一件精美的水晶艺术品，因为是独一无二的珍宝，所以要格外谨慎和珍惜。

爱孩子，就从如沐春风的沟通开始吧！

父母决定高敏感特质的转化

高敏感儿童与生俱来一种特殊的能力：高敏感力。想要高敏感成功转化，成为名副其实的天赋，父母起着至关重要的作用。可以说，父母的行为和态度决定了孩子高敏感特质的转化，并且可以促使高敏感力成为孩子人生中的优势。

父母是从孩子出生开始就一直陪伴其成长的人，在孩子眼中，慈爱的母亲和伟大的父亲就是最权威的存在。刚出生时，孩子对周围的一切都处于探索阶段，高敏感孩子生而敏感，对事物的感知会更深刻，与一般孩子相比，高敏感孩子更需要得到父母的认可，这个时候就需要父母发挥主观能动性，给孩子支持和理解。

伯特·海灵格博士是在德国具有深远影响力的家庭心理治疗师，他认为，无论在何种情况下，孩子都会本能地想要得到父母的认可。除了父母的认可，孩子还需要来自父母双方的爱和关怀。

方妮是个具有高敏感特质的孩子，尤其在色彩搭配上表现得很有天赋，她说过："如果不是我爸妈，我可能会一直是个怪人。"

方妮生活在一个北方小镇，她出生后，父亲为了生计换了份强度大的工作，母亲辞了工作在家专心带她。由于父亲经常加班，回来的时候她和母亲早已入睡，为了不打扰到她们，父亲经常睡在次卧，父母两人长年处于分床睡的状态，时间久了，矛盾也就出现了。

方妮说她的记忆力非常好，而且很会察言观色，她总能察觉到母亲情绪的变化，母亲心情不好时她就会变得很乖。当母亲哭时，她会主动去抱抱，对母亲笑。她很希望父亲和母亲不再吵架，想要母亲多笑一笑，想要父亲多陪陪她。

方妮在小的时候不知道自己属于高敏感特质，她所做出的种种"怪异"行为在邻居眼里都属于"自闭症"和"孤僻"，还有"神经质"和"怪小孩"。她不喜欢交朋友，见了人不会主动打招呼，别人越关注，她就越想躲开。她对颜色很敏感，去超市会不由自主地将颜色一致的饮料放在一起。当父母争吵时，她会本能地感到害怕，她觉得父母是因为自己而吵架。

孩子对事物的认知还不够成熟，高敏感孩子又更容易受到外界环境的影响，遇到自己不理解的问题，高敏感孩子往往会把问题藏在心底，然后陷入思维怪圈。

方妮的"怪异"行为后来被母亲察觉，渐渐地她发现母亲愿意花时间陪她聊天了，还经常带她出去散步。母亲发现她喜欢绘画，于是给她报了班。与此同时，父亲的工作时间终于恢复正常，也会抽时间陪她做游戏、看书。并且最让她开心的是，父母的关系缓和了许多，一家三口有时还会出去吃饭和看电影。

方妮的母亲对她说："妈妈没有觉得你的行为很怪异，相反，妈妈觉得你好厉害，可以画出那么美的画。"

此前方妮听到的声音大多是“怪小孩”三个字，邻居和同学的评价让她更加内向，她觉得社交很累，只想一个人做些喜欢的事，不想被外界打扰。而母亲对她的肯定和认可燃起了她内心的渴望，她不是怪小孩，她也能和其他孩子一样得到父母的赞许。

显而易见，父母的行为会影响高敏感孩子人格魅力的塑造，前文提到的案例就足以证明，这种影响力的作用是积极向上的。父母既然能够决定孩子敏感力的转化，那么他们都需要怎么做呢？

首先，父母应该树立正确的认知，和谐的夫妻关系是建立良好亲子关系的前提。

一个健康的家庭中，父亲、母亲和孩子是处于三足鼎立的状态，相互之间连成的线是等边三角形，三者之间距离相同，角度也一致。父亲爱母亲，母亲爱父亲，父母爱孩子，这样良好的状态最适合孩子成长。

从古至今，母亲在孩子的成长过程中扮演的角色似乎总是比父亲更重要一些，相应的，母亲投入的时间和精力也更多。十月怀胎，承受分娩之痛，孩子出生后日夜不断地喂奶，日后的亲子游戏，打预防针，陪孩子学习，开家长会……似乎母亲的参与率要远高于父亲。

但实际上，父亲参与孩子成长过程的意义是重大的，不仅利于夫妻关系的维系，还利于亲子关系的发展。父亲在养育子女的过程中发挥的作用不可替代。

高敏感孩子从出生开始就需要得到更多的关爱，他们生性敏感，天生具有强大的感知能力，很容易受到外界环境和周围人的情绪影响，因此父亲和母亲的关爱缺一不可。

在一个高敏感儿童家庭里，如果孩子跟母亲的关系过于亲近，父亲很少参与，那么男孩儿可能会产生恋母情结，性格偏柔软，缺少刚强勇敢的感觉。女孩儿则会感觉缺少父爱，内心更敏感，也会影响到成年后的择偶观。

父母恩爱、关系亲密，高敏感孩子会最先感受到。他们对无形中维系的爱和温暖的感知更敏感，会产生幸福感和安全感。假设父亲和母亲关系不好，经常吵架，即使父母很爱孩子，把所有正面情绪都留给孩子，也是一种畸形的关系，高敏感的孩子依旧会感受到父母的负面情绪，并且会产生错误的自我认知：是他的原因导致父母关系恶劣。

其次，父母的意识很重要，要不以外界错误的信息为转移，相信孩子与生俱来的天赋。

父母应该从心底接受孩子的高敏感行为，并且从潜意识里相信孩子的高敏感会得到转化，变成孩子身上的优势。这样才能有方向性地引导，帮助孩子正确认知自己的行为，完成敏感力的转化。

美国著名心理学博士伊莱恩·阿伦对高敏感儿童做了很多研究，她在《发掘敏感孩子的力量》一书中写道："一定是因为你内心渴求一个独特的孩子，上天才会赐予你这样神奇的礼物。"

在养育高敏感孩子时，父母要非常有耐心，要控制好自己的情绪，不要让外界的异样声音影响自己对待孩子的态度，要保持自己的判断，相信和鼓励孩子。

高敏感孩子的内心世界需要父母去呵护，同时孩子的行为也需要得到父母的尊重。父母作为教育孩子的重要成员，有义务让孩子正确认识自己的行为，不让他们受到外界的伤害，帮助他们减轻心理压力和负担。

家长要积极地带孩子去认识未知的世界，参与亲子活动，开发孩子的敏感力，有针对性地引导，给他们提供深度学习的机会。比如孩子对颜色敏感，可以引导他们去绘画。孩子记忆力很好，对数字敏感，可以让他们参加学习班、奥数班。孩子内向害羞，不愿意社交，那么就多带孩子出去，可以做游戏，可以看世界，教导他们交朋友不需要广和多，知己好友有一个也足矣。孩子的很多敏感行为都需要父母去理解，父母也需要耐心去陪伴孩子一起探索，一次不成功就再进行第二次、第三次。

水滴石穿，努力会给成功多一份加持和力量。

我认为，孕育生命这件事很有意义，这就像是一场修行，父母在养育孩子的过程中需要“打怪升级”，然后和孩子一起登上愉快的巅峰。

家庭环境对高敏感孩子的影响

脑神经科学家发现高敏感特质是与生俱来的。孩子的高敏感是先天存在的，后天并不能培养出敏感性格，但后天的成长环境却会对其产生巨大的影响。在众多影响因素中，家庭环境的影响是最关键的。

高敏感儿童的行为能力和对外界的认知能力还在不断完善，在这个过程中，家庭所起的作用不可替代。家庭环境、家庭关系、家庭成员的生活习惯和情绪状态，都影响着高敏感儿童的未来发展。由于他们自我保护的意识还很薄弱，容易进入思维陷阱，过强的情绪感知能力又容易加重心理压力，这个时候就需要家长进行恰当的引导，帮助孩子认清自己的小敏感，不要让敏感成为阻碍他们成长的绊脚石。

家庭环境温馨舒适，家庭关系和谐健康，高敏感儿童在这样的环境下成长，会更有益于敏感力的转化，提升他们的幸福指数，心理也会更健康。如果家庭环境恶劣，家庭成员之间的关系剑拔弩张，矛盾不断，孩子就会更敏感，性格更偏于内向，不仅安全感缺失，心灵也会蒙上阴影。

杰瑞婴儿时期对声音极敏感，一丁点儿声音就能引起他的惊跳反应，然后惊醒哭闹。一般来说，婴儿哭时要及时给他安慰，稳定各种原因带来的情绪，这样能使婴儿产生安全感。但杰瑞的哭声从来得不到父母的关注，因为他的父母很忙，忙着制造噪音，忙着打架。

杰瑞又一次被争吵声惊醒，又是半夜三更。他很不幸，才来到这个世界就处于水深火热的环境中，家庭环境可以说极其恶劣。恶劣本就很可怕，还需要用“极其”来修饰，足见这个家庭环境的糟糕程度。

杰瑞的爸爸是个酒精爱好者，嗜酒成性，恨不得整日泡在酒里。除了醉生梦死，他还有其他爱好吗？很不幸，他还有个“爱好”就是打人。杰瑞的爸爸经常喝到三更半夜才回家，回家看到老婆就打，打完第二天又会后悔，道完歉再去喝，喝醉了还会再打，如此循环。杰瑞的妈妈总是选择原谅，认为有了孩子会好些，他只是压力太大了。但是，杰瑞的出生并没有改善他们的夫妻关系，杰瑞爸爸的醉酒打人行为一如既往。

杰瑞天性敏感，在婴儿期就已经失去了安全感和依赖感，上学后更是对父母察言观色，一旦父母有情绪上的波动，他就会条件反射式地紧张和害怕，久而久之他更内向了，在学校也不爱说话。

原生家庭给杰瑞的童年带来很大的痛苦，长大后的他虽然离开家去了洛杉矶，但依旧对外界充满恐惧，高敏感的特质没有被转化，他成了别人眼中的“怪人”。他对人疏离，敏感多疑，思虑很重。别人说话的声音稍微大一些，他就认为自己做了错事令别人不满，之后开始自我否定和批判。他不相信别人，从不主动社交，做任何事都是一个人。他也不期待家庭生活，对婚姻有恐惧心理，下定决心做不婚族。

杰瑞的高敏感特质本可以转化为优势，但由于原生家庭的环境太过恶劣，父母教育缺位，没能让敏感力丰富他的人格，反倒让高敏感成为一种负担，一直伴随他长大。

若家庭环境充满爱和阳光，高敏感的孩子会心中有光亮，头顶小太阳。若是布满荆棘，那么孩子会心中长刺，刺痛自己，产生童年阴影。

弗朗西斯·培根是英国文艺复兴时期著名的哲学家，他首次提出要将教育学作为一门独立的科学，他认为，幸福的家庭，父母靠慈爱当家，孩子会因为对父母的爱而顺从大人。

高敏感儿童的内心很柔软，需要细心呵护，家庭可以有效地帮助他们实现自我认知。

高敏感儿童就像清澈的水，家庭就是水渠，可以帮孩子过滤掉产生伤害的泥沙；但如果水渠本身就存在裂痕，随时会崩塌，那么水最终也将被污染。

《社会契约论》的作者卢梭是十八世纪法国的启蒙思想家、教育家，他曾经在自传《忏悔录》中提到："一想到要把孩子交给这样一个乱糟糟的家庭去抚养，我就感到害怕，如果把孩子交给他们去教育，那必然会越教越坏。育婴堂的教育要好得多，这就是我决定把孩子送进育婴堂的理由。"

家庭环境不好，父母不能给孩子很好的教育，这会影响孩子未来的发展，所以卢梭将孩子送去育婴堂，说明家庭对孩子的影响是深远的，还会影响孩子成年后的心理健康。

卢梭曾这样说："幸福的家庭是培养孩子成人的温床，家庭生活的乐趣是抵抗坏风气毒害的最好良剂。"

高敏感儿童对外界的感知有先天的敏感性，比起一般的孩子，他们更能精准地感受到家庭是否温暖和幸福，感知到父母关系和情绪的变化。当他们的心灵受到创伤时，会更容易产生创伤后应激障碍，需要通过外界的干预才能走出来。当然这也需要花费更多的时间。

有研究表明，由家庭环境导致的高敏感儿童的心理问题，可能会引发更深层次的问题。他们比一般儿童更容易自卑，缺乏安全感，未来的婚姻观更易受到影响，甚至会对婚姻和家庭产生恐惧心理。因此，与其事后干预，不如将创伤扼杀在摇篮里。

既然家庭环境对高敏感儿童的影响如此巨大，那么我们应该如何应对呢？

第一，要给高敏感儿童营造出一个良好的生活环境，不必完美，但务必要温馨。如果将孩子比做花朵，拥有高敏感特质的孩子更像兰花，他们对生活环境的要求很高，温馨和睦的家庭就是高敏感孩子成长的温室。孩子对外界的感知处于探索阶段，家庭氛围的好坏会直接影响他们对自我的感知。只有让高敏感得到转化，孩子的人格才会更加饱满。

若家庭物质充盈可以改善生活环境、提高生活质量，若相对拮据就保证屋子整洁卫生，打造一个氛围温馨、亲人和睦，充满爱的良好的生活环境。

第二，父母的关系要亲密和谐，不在孩子面前流露负面情绪，这有利于塑造孩子的安全感。家庭关系会影响孩子日后的婚姻观和家庭观，和谐的夫妻关系、友爱的婆媳关系，能让高敏感儿童的心灵舒适放松，没有压力。既然高敏感儿童容易受到情绪的影响，那么父母就应该控制自己的情绪，不要将工作中产生的负面情绪带回家里。家应该是温馨和睦的，不应存在争吵和负面情绪。

家长如果发现自己情绪失控，一时间调节不好，不妨暂时离开家，找个合适的地方将问题和矛盾解决，绝对不要当着高敏感孩子的面吵架，他们会把争吵的原因归咎在自己身上，会认为父母吵架是因为自己不乖。

第三，亲子游戏很重要。在家庭教育中，父亲不能缺位，要积极发挥自己的作用。

知乎上有人提起丧偶式育儿，讲述的是父亲在亲子教育中的缺失。男人习惯用“我忙得很”来解释不参与家庭琐事和教育孩子的原因，不得不说，这个原因真是简单又敷衍，单调又偷懒。

高敏感儿童需要得到家庭中更多的温暖和关注，父亲和母亲缺一不可。父母一起参与的亲子游戏更能让孩子产生安全感，乐趣也会倍增。

现代社会压力太大，忙碌也是生活的代名词，但无论怎样忙，每个月挑两天作为家庭日，既能稳固夫妻关系，又能加强亲子教育，让孩子在游戏中快乐地成长。

第四，言传身教很重要。家长要给高敏感孩子树立榜样，引导他们正确对待自己的生活和学习。在家庭教育中，父母应该扮演什么样的角色呢？父母的言传身教是家庭教育的重要组成部分，也是决定性因素，这是无可厚非的。好父母带出好孩子，他们会在生活的点点滴滴中提炼出好的教育材料，注重细节和榜样的力量，用实际行动引导孩子健康快乐地成长，培养孩子各个方面的能力。

高敏感儿童的观察力和模仿力很强，父母需要用心去引导，给孩子一个榜样的力量，帮助他们接收和消化。

第五，家庭关系的巨变会影响高敏感孩子的心理健康，一旦他们出现心理上的问题，父母要及时干预，不要让孩子陷入自我否定的怪圈。对于高敏感孩子来说，父母的关系不好会导致很多心理问题，会对生活产生焦虑感和不信任感，严重的还会出现社交障碍和抑郁心理。

电视剧《小欢喜》中的乔英子就具有高敏感特质，她很会观察和照顾妈妈的情绪，明明不喜欢吃海参，还要为了妈妈装出喜欢吃的样子。当妈妈生气时她会主动去和好，给妈妈抱抱。而对她影响较大的是父母离婚，她明明不舍得，却装作不在乎，但实际上她非常在乎父母的关系。

父母的婚姻破裂后，高敏感的孩子很有可能会产生心理问题，父亲或母亲一定要多多关注。此外也要让孩子依旧感受到双方的爱，孩子是不想父母成为仇人的，乔英子就是一个典型的例子。

我们生活在冰冷的城市里，渴望家庭的温暖，无论孩子还是成年人，家庭在我们心中的地位都是非常高的。避风的港湾需要我们一起去守护，幸福的家庭也在保护我们的心灵不受伤害。

第四章

与高敏感儿童这样相处更融洽

父母应该提高对孩子的关注度

温尼科特是英国家喻户晓的精神分析学家，同时也是一位儿科医生，他这样说过：“孩子必须确认自己可以随时回家，才能安心地向前发展。”

家，是孩子避风的港湾，可以给他们带来安全感。而父母则是他们依赖的对象，他们可以从父母那里得到爱和温暖、关怀和照顾。

对于高敏感的孩子来说，来自父母的关爱更加重要。因为他们的心思和行为很容易被人误解，往往会把自己置于情绪的黑洞，因此全方位地了解他们，提高对他们的关注度尤为重要。

相信大家在上学时都遇到过这样的情形，班主任会不定时地站在教室后门，透过玻璃窗观察学生们的表现。上自习课时，班级里没有老师，但没有人敢说话，也没有人随意走动，因为他们知道班主任会随时出现在后门“关注”他们的一举一动，没有人愿意冒险，只能认真写作业。

上课时，如果老师的目光落在一个学生身上超过三秒，那么那名学生就会挺直腰板，正襟危坐，眼神充满期待，听课的劲头噌噌噌地向上涨，精气神儿也足了，人也不懒散了。真是神奇的“关注”。

老师对学生的关注就像是一种无形的鼓励，通过这种方式让孩子领悟到自己要更加努力才可以。高敏感的孩子接收周围的情绪和信息更迅速，他们像雷达一样反应敏锐，会率先接收这份关注，而这份关注也会给他们带来动力，促使他们努力学习。

孩子进入学校后有来自老师的关注，回到家就需要得到父母的关注。这里要提及一个心理学效应——霍桑效应。

霍桑效应或称霍索恩效应，是指当人们知道自己是研究或观察对象时，会做出相应的行为改变。霍桑是美国芝加哥一间电气公司的工厂，实验研究就是在这间工厂进行的。心理学家原本想通过研究薪资、劳动强度、工厂硬件设施等找到提高工厂效率的方法，但改变基础设施并没有使效率提升。

但心理学家发现，当他们找到工人听取意见，让他们把工作中的不满讲出来的时候，被选择的工人认为自己得到了关注，是与其他人不同的特殊群体，因此形成了一种主观上的自我激励，加倍努力工作，借此证明自己值得专家的关注。最后霍桑工厂的效率也得到了提升。

霍桑试验证明了被关注会对人产生极大的影响，他们的心态更积极，自信心也更强，来自外界的关注会督促他们朝着正能量的方向前进。

在家庭中，父母提高对高敏感孩子的关注度，也会对他们产生正面的影响。

第一，安全感提升。

高敏感的孩子对陌生的世界会产生或多或少的恐惧感，在探索周围事物时，会本能地寻找最亲近的人。一般来说，婴儿会更依赖母亲，这个时候如果母亲对婴儿的关注度足够高，了解婴儿的习惯，就能恰到好处地做出回应。这有利于婴儿建立初期的安全感。

等孩子稍大些时，接触外界客体的机会越来越多，在他们接触或探索世界时，如果有父母在身后关注，就能增加他们的勇气和信心。

第二，更有积极性。

孩子都渴望得到父母的认可，当父母的视线落在孩子身上，带着鼓励或赞赏的神情，敏感的孩子会第一时间感觉到。当他们知道自己被关注，做事就会更有积极性，本能地想要做得更好，以此来向父母证明他们是值得被关爱的，是父母的骄傲。

第三，自我意识增强。

受到关注的孩子自信心会持续增加，他们会认为自己无所不能，也更敢于说出自己心中的看法和观点，这有利于产生真实的自我。

第四，巩固亲子关系

父母通过增加关注可以对孩子有更多了解，花时间和精力与孩子相处，参与到他们的世界，和他们一起做游戏、解决难题、学习新鲜的东西，孩子会感受到快乐，亲子间的关系也更融洽。

唯物辩证法认为，凡事要坚持适度原则。父母的关注也要讲究分寸，最好控制在一定的范围内，拒绝过度关注和干预。

对于高敏感孩子来说，父母过多的关注会给他们造成困扰，他们会感觉压抑，认为失去了自由的空间。过多的关注非但无法达到预期效果，反而会让敏感的孩子产生负面情绪。

小可的父母对她的关注堪称全方位无死角，全无秘密和隐私可言，小可妈恨不得在孩子身上装个监控，每时每刻都知道孩子在做什么。事实上，她在家里就安装了两个摄像头，一个在客厅，一个在小可卧室。

小可放假在家时，只要做错一件事，比如刚打开电视机，妈妈就打来电话说不可以看电视，伤眼睛又费时间，就连吃饭少吃一口蔬菜，妈妈都能立刻发现。在学校时她也感觉自己时刻被妈妈“关注”，那些与学习无关的事都会被她妈妈知道。久而久之，小可变得越来越敏感，常常认为自己被人监视着。最后她情绪崩溃，出现了抑郁的症状，做什么都提不起兴趣，觉得活着很没意思。

起初小可的妈妈没有意识到，她的关注并不是关心，而是在监视。好在她悬崖勒马，及时发现自己的错误行为伤害到了孩子，于是积极地带小可去看心理医生，并且拆掉家里的摄像头，改正了自己过度关注的行为。经过心理治疗，小可的抑郁症状也有所好转。

高敏感的孩子在不被理解时，最渴望得到父母的支持，要让他们知道父母永远都站在他们那边。

关心高敏感孩子的成长，关注他们的内心，在生活的点滴中感受孩子的快乐和苦恼，和他们一起成长、一起分享快乐、一起解决难题，这是一种为人父母的幸福。和孩子共同探索这个未知的世界，一起迈向人生新的节点。

倾听比说教更能走进孩子的心

表哥的女儿北北最近总和我控诉表哥的“种种恶行”。表哥是某公司的中层干部，可能是平时批评下属比较得心应手，回到家后角色转变不过来，管教侄女也多采用说教式，有时苦口婆心，有时色厉内荏，真把孩子当下属了。侄女上了初中，已经有了自己的想法，对表哥的说教式教育难免有些抵触，她想表达自己的想法，但每次才说了一句，表哥那一连串的说教就开始了。久而久之，侄女不再表达自己的意见，将内心隐藏起来，父女关系也降到冰点。表哥还奇怪为什么女儿不爱说话了，以前明明很愿意表达自己的观点，挺活泼的啊！

表哥的思维代表了广大男性家长，他们大部分沉浸在自己的世界里，认为自己的教育没问题，都是为了孩子好，反而奇怪孩子为何会如此。表哥崇尚沟通的教育理念并无问题，但他沟通的方式错了，他选择了一种令自己女儿反感的方式，不但达不到效果，反而引起父女关系的恶化。沟通是双向的，有时懂得倾听更重要。

普通孩子尚且如此，那么高敏感孩子呢？他们对说教反感吗？

一般的孩子在遇到自己不喜欢的事或感到不舒服时，他们首先想到的是表达出来，这是一种向外的延展。但高敏感孩子的思维会向内收拢，他们更擅长把心思藏在心底。如果家长放任不管或一味说教，他们可能永远都不会说出来，直到出现焦虑、自卑等心理问题。

好友姜末的孩子小月具有高敏感特质，性格内向，心思细腻。姜末习惯把孩子生活和学习上的事情安排得妥妥帖帖，不让孩子有任何后顾之忧。同一件事会不由自主地反复说，有时怕孩子没听清或是没听懂，有时是想多说几遍加深孩子的记忆。当孩子犯错误时，她会不厌其烦地给孩子摆事实讲道理，没有一个小时绝不停止。每次她这样做时，孩子都一言不发，表现得排斥和她接触，渐渐地孩子不愿意交流，也不爱出去玩。

其实对于高敏感的孩子来说，过多的叮嘱与说教会让他们产生不自信的心理。就像小月，听到妈妈一遍又一遍的提醒，她会想：妈妈是不是觉得我笨，她都说三遍了，我还能听不懂吗？她是不是觉得我很没用？当小月犯了错误，妈妈开启说教模式时，她会想：这次犯的错太大了，妈妈都说那么多遍了，她是不是要放弃我了，她是不是不爱我了？被说教多了，孩子会厌烦，会拒绝沟通，会将自己的内心隐藏起来。

有些家长习惯把自己的思想强加到孩子身上，当孩子与预期不符时，家长就会开始他们的说教。

在这个过程中，高敏感的孩子会注意到说教者的态度和语言，任何一个带有情绪色彩的词语，都可能引起他们多想。比如在孩子犹豫不决动作慢时，家长会说“快点”。这简单的两个字会让高敏感儿童生出许许多多的负面情绪来。

焦虑：我做得太慢了吗？我被别人落下了吗？

自卑：我果然不行，这么简单还做得这么慢。我好笨，没有人喜欢我。

不安：妈妈催我好几次了，我越来越害怕，这件事一定做不好了。

生气：又说！还要说几遍？我已经够快了！

高敏感孩子的思维天生和一般的孩子不一样，他们的内心强大与脆弱并存，而说教式教育将他们的心推向了脆弱的方向。

因此在与高敏感孩子相处时，家长要避免说教式教育。

家长可以用讲故事的方式勾起孩子的兴趣，多陪孩子看绘本，在故事的结尾用提问的方式引导孩子参与其中，鼓励他们表达自己的看法。

此外，家长要避免多次复述，多次强调只会让孩子感觉不被信任，有可能产生自卑心理。家长只需要讲述事实，指出问题，提出期望。孩子如果没有听懂，要引导他们把疑问说出来，这个时候家长再解释一次，孩子会记得更扎实。

家长要学会倾听孩子的心声。我认为倾听可以将孩子的心拉向强大的方向，有利于塑造自信心。

法国启蒙思想家、文学家伏尔泰曾说过："耳朵是通往心灵的路。"

苏格拉底是古希腊著名的哲学家，他说过："上天赐人以两耳两目，但只有一张口，欲使其多闻多见而少言。"

倾听是一种态度，它所表示的是对说话者的尊重与重视。倾听也是一种涵养，它可以增进感情，维系关系，让说话者增强信心。倾听更是一种艺术，是与高敏感儿童沟通的秘诀，可以让他们产生信赖感。

与高敏感儿童交流时，更要注重倾听。以下几点值得注意。

第一，倾听时要全神贯注，有耐心，不着急。

第二，不要将孩子的话视作儿戏，要尊重他们的思想，不要打断，也不要对孩子的观点妄加评判。要用和善的语气友好地与他们商量。

第三，与孩子沟通要用心，认真倾听孩子的话，并深入思考。也要能做到取孩子之长、补自己之短。孩子看问题的角度往往会更精准。

第四，孩子说话时要看着他们的眼睛，与他们进行眼神交流，让他们知道自己被重视，这会增强他们的自信心。

当孩子一天天长大，他们对我们的依赖会转移到精神上。倾听孩子的心声可以让他们产生信任感，缓解内心的敏感与烦恼。当孩子遇到困难和挫折，我们要表示关心，不要让他们被坏情绪影响和控制。而在倾听的过程中，亲子关系也得到了巩固。

高敏感孩子水晶般的心需要被守护，从此刻起，打开孩子的心扉，让他们畅所欲言，说出自己的所思所想。而身为家长的我们，只需要做好一件事，那就是“倾听”。

与爱哭的高敏感孩子这样相处

你的孩子会不会经常哭？有时你会觉得莫名其妙，诧异孩子因何而哭。

有些孩子特别害怕突如其来的声音，爷爷的咳嗽声、邻居的关门声、厨房传来的切菜声、蚊子飞来飞去的嘤嘤声……都能让他们惊醒然后大哭不止。

有些孩子容易受动画片的影响，樱桃小丸子摔倒了会哭、蜡笔小新被妈妈骂会哭、海绵宝宝和朋友分开还会哭。

在幼儿园给小朋友过生日也要哭，老师问她原因，她说是因为被感动了，太开心了所以要哭。

还有些时候，孩子虽然没有哭，但情绪低落，一个人静静地玩玩具，谁都不理，或者很乖地写作业，看着宠物发呆。

高敏感儿童有很强的感同身受的能力，他们的泪腺也更容易被启动。

尚在襁褓之中的婴儿会用哭来表达自己的需求，饿了、冷了、累了、困了。

高敏感的婴儿会因为一些更隐晦的原因而哭，往往让家长摸不着头脑。比如衣服出现褶皱，硌着娇嫩的小肉肉了；衣服商标没拆，让小宝宝的肌肤不舒服了；梦里面没有跟其他小朋友抢到奶喝，很伤心于是号啕大哭；看到身边没见过的陌生人，害怕得哇哇大哭……

学会说话后，高敏感孩子会受到外界影响，又不善于表达情绪，便会通过哭来缓解。再大一些的高敏感孩子或许会将眼泪隐藏起来，表面不哭，但是心在流泪，这种情况需要家长高度重视。

哭可以分为生理上的眼泪和心理上的反应，两者都不能被忽视，需要用合适的方法引导。

英国一位著名的儿童教育专家约翰·华生提出了“孩子哭不抱，不哭才抱”的理念，他认为这样会让孩子更加独立。他用这个教育方法训练了自己的两个孩子，可这两个孩子都没有朝着他期望的方向发展。两人性格上都存在缺陷，曾多次尝试结束生命，心理十分痛苦，还染上了酗酒的恶习。

书本上的育儿理念可谓众说纷纭，各位家长朋友不要盲目模仿。

唯物辩证法教我们：“实践是检验真理的唯一标准。”

孩子的性格千差万别，每一个孩子都是独一无二的，他们有自己的思考方式和习惯，哭的原因也不尽相同。家长要研究自己孩子的特点，找到孩子哭的规律，按需解决问题。对于敏感的孩子来说，哭的时候不抱、不帮助他们调节情绪，会让他们认为爸爸妈妈不爱自己了，逐渐失去安全感。

朋友筱禾从小就经常哭，筱禾妈妈确信孩子哭就是需要帮助，不能放任不管，而筱禾奶奶坚信孩子一哭就抱容易抱出毛病，养成坏习惯。婆媳两人出现教养分歧，筱禾妈妈用自己的亲身经历说服了筱禾奶奶。筱禾妈妈就是因为小时候哭了没人抱，以至长大后极度缺乏安全感，还时常做噩梦。

筱禾哭是因为枕巾起褶硌到头，她觉得不舒服。上小学后她经常做噩梦，总是梦到已故的人，吓醒后本能地哭。每次哭，筱禾妈妈都会及时去抱她，或者握着她的手告诉她不要害怕。筱禾说自己很在意别人的看法，有时还会因为想太多心理压力太大而哭出来。妈妈总会及时给她安慰，跟她交流沟通，帮助她缓解心理压力。

敏感的孩子会自我怀疑，容易缺乏安全感。当他们哭时，父母应该及时给他们抱抱和安慰，不要让眼泪留下疤痕，成为心理上的创伤。

另一个朋友肖刚就没有筱禾好运，家人都认为男孩子要从小养成坚强勇敢的性格，不要一哭就抱。所以他的敏感从小就被忽略了，从来得不到安慰和关心。具有高敏感特质的他认为爸爸妈妈更爱妹妹，没有人关心他，因此变得更加内向，不愿意说话，不想出去社交，逢年过节更愿意在自己的屋子里一个人玩。“哭了不抱，不哭才抱”，这种方式没有培养出肖刚的坚强和勇敢，反而放大了他的敏感，成了他的劣势。

育婴专家认为，0—3岁是孩子建立安全感的重要时期，孩子哭一定有他的原因，家长需要及时解决。

那么当高敏感的孩子哭时，我们需要如何应对呢？

第一，要排查病理性哭泣。婴儿胃胀气、肠绞痛时会大哭，这个时候可以按顺时针方向轻揉宝宝的肚子，或者采取飞机抱来缓解疼痛。然后及时带孩子去医院就诊。

第二，家长需要第一时间给孩子安全感，用拥抱平复他们的情绪。有些高敏感的孩子一哭，家长就感到焦躁，因为他们哭的理由让人摸不清。这个时候家长要有耐心，先调节好自己的情绪，然后再温柔地给孩子安慰。

如果家长情绪很崩溃，不妨试着对自己说：“孩子一定是因为难受才哭，我要马上安慰他，不能发脾气。”

家长可以用视线转移法转移孩子的注意力，抱着他们轻轻拍背，给他们平时最爱的玩具安抚情绪。总之，想办法让孩子先不哭。

第三，孩子的情绪稳定下来后，家长要通过沟通了解孩子哭的原因，从而找到解决问题的办法。了解孩子的性格，读懂孩子的动作，理解孩子的心理，这些是家长实现与孩子有效沟通的前提。了解高敏感儿童的内心并不是一朝一夕的事情，需要点滴积累，了解孩子敏感背后的原因，才是解决问题的关键。

敏感的孩子哭后，家长要循序渐进地引导孩子敞开心扉，学会倾听和理解，包容孩子敏感的思维和情绪。

第四，家里有两个或以上的孩子，父母要注意照顾高敏感孩子的情绪，不要让他们感觉爱的天平在倾斜。现代社会全面开放二胎政策，有两个孩子的家庭里，如果其中一个是高敏感孩子，家长就要格外注意一碗水端平。高敏感孩子很容易察觉到爱的失衡，得到的偏爱多一些他们会替另一个难过，偏爱少一些又会陷入自责，认为自己做得不好，爸爸妈妈不爱自己了。孩子会用哭来表达自己的无助。

很多伤痛和哭泣都是由至亲引起的，家长要从根本上减少对孩子的伤害，不要让敏感孩子有哭的机会。

最后，注意高敏感孩子心里的“眼泪”，及时抚平他们无形的伤痛。

高敏感孩子的思维比一般孩子要成熟，他们看问题不会浮于表面，往往会想到深层次的内容，多思多虑，最后给心理带来巨大的压力。在他们伤心难过时，无形的眼泪会在心里流淌，不及时干预和引导，心灵就会受伤，留下疤痕，最后无法修复，形成童年阴影。

因此当高敏感孩子出现反常的行为，比如突然不爱说话、吃饭少、无精打采、不愿意社交等，家长就要敲响心中的警铃了。这是孩子“哭了”的表现，他们内心很难受，需要被拯救。

家长要与孩子交流沟通，通过学校、朋友等侧面了解情况，给他们最大的支持和鼓励，积极主动帮助他们走出困境。

在高敏感孩子的眼中，养育他们的父母是全世界最重要的人。就像可以拯救世界的英雄，是他们心中最崇拜的人，在他们哭时，父母永远可以第一时间赶到，带给他们爱和关心。

减少孩子的被抛弃感和疏离感

很多家长认为孩子还小、什么都不懂，他们觉得孩子各方面发育不成熟，对于外界发生的事情没有深刻的感知。但实际上，孩子的世界远比我们想象的更丰富，有时他们懂得的比我们认为的要早很多。

法国电影《孤儿》中有一幕让人泪目，一个三个月大的男宝宝患有社交恐惧症，他手臂的肌张力不足，双眼不能聚焦眼前带颜色的物体，几乎不能发出声音。醒了就睁着眼睛静静看着周围，不会用哭去表达饿了或者害怕。

这个小婴儿的名字是泰奥，才出生不久就出现了心理问题。接下来让我们一起走进他的世界，看看究竟是哪个环节出现了问题。

泰奥的母亲未婚先孕，在没有准备好的情况下有了泰奥。她准备抛弃这个孩子，让儿童福利院的社工为她办手续。孩子出生后，她没有看他一眼，也没有摸过、抱过他，对他完全没有感情。社工建议她见这个孩子一面，当面跟孩子告别，告诉孩子自己的难处，并希望孩子能够幸福。泰奥的母亲起先拒绝了，后来在出院前才决定跟孩子告别，但在告别的过程中没有说一句话。

在找到合适的家庭前，泰奥需要得到很好的照顾，所以福利院找到了社工男主。男主犹豫了好久才答应照顾这个刚出生的婴儿，但当他去医院接泰奥时却发生了奇怪的事。刚出生的婴儿躺在医院的保温箱里，胸口贴着仪器监控他的心跳，社工专员卡林冲着保温箱里的婴儿说："你的母亲不能照顾你，所以将你交托给福利院，你以后会有养父母。但如果你的生母改变了主意，福利院会帮助生母和你联络。"在听到这些话时，泰奥的心跳不断地加快，从每分钟120次升到了170次，他像是能听懂一样，感知到了社工和护士的情绪。

高敏感儿童天生就有很强的共情能力，对周围人的情绪很敏感。电影中的泰奥就是一个高敏感婴儿，他能够感觉到母亲跟他告别那十分钟里的哀伤。在社工说起他被抛弃时，他感受到了声音里的无奈。所以他的心跳在不停地加快。

因为母亲的抛弃，三个月的高敏感婴儿患上了社会交往障碍，如果不能及时得到帮助，孩子将会出现更严重的问题，影响到将来的成长。

抚养孩子的社工积极联系福利院和医院，寻找孩子出现社会交往障碍的原因。最后，替泰奥母亲办理手续的社工出现了，她走到泰奥面前跟他说："你的妈妈虽然没有与你说任何告别的话，但她想要你知道，将你送养是希望你过得更好，是为了你的幸福。她觉得你非常英俊，她很担心你，还写了信给你，或许有一日你会读到。她希望你能有一对好父母，她知道成为好母亲很难，但希望自己将来能成为一个令孩子感到骄傲的母亲。她说希望你能谅解。"

当天晚上，泰奥哭出了声音，他终于恢复正常了。他似乎听懂了白天社工的那些话。

泰奥在受到母亲和社工的情绪影响后，心灵受到了创伤，出现了对周围的人和事物都不感兴趣的应激反应，不哭不闹，与同月龄婴儿不同。

高敏感孩子容易受到外部环境的影响，特别是家庭环境。父母如果表现出疏离感，行为和动作有抛弃的含义，那么孩子很容易缺乏安全感。安全感一旦缺失，孩子会产生自我否定心理，严重一些就会自卑、抑郁，甚至出现社交障碍。

这个时候要先找出孩子安全感缺失的直接原因，然后用爱和陪伴一点一点改变孩子的固有思维，让孩子知道父母是爱他们的，并且会一直保护他们。

很多现代女性生育后会选择去月子中心，或者雇一个居家月嫂。有了月嫂，产妇和婴儿都能得到很好的照顾，但是也存在一个弊端：孩子只有月嫂抱才不哭，爸爸妈妈一抱就大哭不止。

月嫂日夜不停地照顾婴儿，婴儿也熟悉了她的怀抱，反而对父母的怀抱感觉陌生。对于婴儿来说，陌生就代表不安全，于是他们哭着要求去舒服和安全的怀抱。

如果母亲长时间远离婴儿，和婴儿没有交流，那么婴儿就会产生“被抛弃感”和“疏离感”，心理上会依赖毫无血缘关系的月嫂或其他亲近的人。

因此，很多妇产医院的墙上都挂着鼓励母乳喂养的宣传画。产妇从手术台上下来，护士也会提示家属，要孩子趴在产妇身上吸吮乳汁，这样可以快速帮助产妇分泌泌乳素，以达到亲喂的效果，还可以增进孩子和妈妈之间的感情，是一种母婴之间很好的沟通方式。

想要减少婴儿的“被抛弃感”和“疏离感”其实很简单，母亲凡事都要亲力亲为，多和宝宝互动，帮他换尿布，哄他睡觉。相信我，一个月后宝宝就会建立起跟母亲的关系，母亲本身也会有强烈的满足感和幸福感。

朋友小靓生完女儿后请了个居家月嫂，没想到月嫂走了之后女儿不跟她，一抱就哭，怎么哄都不行，最后还是经验丰富的婆婆将孩子哄好。她很难过，差点得抑郁症。后来她每天和女儿说话，陪她玩，给她讲故事、换尿布、洗澡，坚持了一个月之后女儿才不排斥她，才要她抱抱。

不仅是婴儿期，童年时期也不能忽略孩子的感觉。高敏感孩子的感觉很敏锐，有一点风吹草动就会察觉到，家长千万不可以掉以轻心，要时刻关注孩子的情绪，不能忽视孩子的成长问题。

随着收入水平的提高，家长都愿意为孩子提供更好的物质条件，随之付出的是“牺牲陪伴孩子的时间去赚钱”的代价。“忙碌”成了现代家长的代名词，很多孩子都被送到长辈那里去抚养。当加班和忙碌成为常态，陪伴孩子的时间会被挤占，孩子就会产生被抛弃感。一般来说，留守儿童的被抛弃感会更强烈，他们长期与父母分离，多和祖辈生活在一起，每年只能和父母见一两次面，长期的分离会让孩子与父母产生疏离感，他们所面对的心理问题会更多。

想要减少敏感孩子的被抛弃感与疏离感，家长需要这样做。

首先，生活再艰难也不要和孩子分开，孩子一定要跟在父母身边。

父母是孩子成长中最重要的人，任何人都代替不了父母的角色。很多家长认为自己还处在打拼阶段，孩子跟在身边会受苦，没有好的物质条件，怎么敢将孩子接到身边呢？

其实孩子跟在父母身边才是最好的选择。陪伴是最好的教育，留在父母身边是孩子幸福的根源。

其次，工作再忙碌也要参与孩子的成长，给孩子带来安全感和归属感。

现在很多孩子都由长辈帮忙照顾，父母专心上班赚钱，认为孩子只要有人陪着就行，于是将所有的事情都交给长辈。其实这是不对的，陪伴孩子成长是一件很复杂的事情，需要父母亲力亲为、忙里偷闲挤出时间陪孩子学习，带他们出去看世界、做游戏、享受亲子时光，这样孩子的幸福感会增强。

最后，注重孩子精神层面的健康成长，锻炼孩子的抗压能力。

高敏感孩子接收的外界信息会更多，他们会感到疲倦，心理压力大，家长要多关注他们的情绪，引导他们克服消极情绪，锻炼孩子处理事情的能力。

让孩子多做一些愉快的事情，凡事不要思考太多。对于孩子感兴趣的事情，家长要多鼓励和支持，给他们创造条件，让他们拥有一个幸福而快乐的童年。

呵护与尊重的重要性是相同的

世界上每一个孩子都是浩瀚宇宙中的星星，是凡尘俗世中的一抹微光，可以照亮在拼搏的道路上砥砺前行的父母。对于父母来说，孩子是最宝贵的存在，如果说一般的孩子是宝石，那么高敏感的孩子就是水晶。相较于宝石，水晶的质地更脆弱，需要精心呵护。

高敏感的孩子容易内耗过多。他们善良，犯了错会自我反省，父母吵架也会觉得是自己的原因；他们谨慎，思考问题会考虑很多方面，是选择困难户的代表，常常语出惊人，展示出自己独特的想法；他们敏感，在意别人的评价和看法，一句不经意的话或一个随意的表情都能让他们反复琢磨；他们的观察力很敏锐，会发现妈妈的头发颜色变了、察觉到爸爸工作的压力，妈妈不开心的时候也会最先送上拥抱。

高敏感的孩子其实很累，他们希望自己的心被人小心地呵护着、关怀着、理解着。他们更需要父母的细心照顾和陪伴。

朋友晓冬从童年开始就生活得小心谨慎。住在街角的奶奶总喜欢当着很多人的面评价他，说他太内向了，见到人都不说话，眼睛只会朝地上看。这些评价让他感觉很苦恼，在梦里也经常有人对他指指点点。为了躲避邻居奶奶，他放弃捷径，每天故意绕一个大圈拐进家，这要浪费很多时间，但他觉得很好，因为不用再听别人说他内向胆小了。

晓冬因为不爱说话，朋友也少，他妈妈认为男孩子这样，长大进入社会要吃亏，于是想尽办法训练他，要他变得像邻居家的孩子一样活泼开朗。他觉得更不舒服了，爸爸妈妈经常让他做自己不喜欢的事，强制他改变，他觉得孤单无助，觉得世界上没有人理解他，甚至觉得爸爸妈妈不喜欢他。

他的很多行为不被人理解，甚至产生误解，认为他不爱交际，不喜欢和朋友玩。其实他只是不喜欢和很多人一起玩，与其让他去玩篮球，不如让他静静地下棋。但从小到大，似乎没有人真正关心过他，连父母都不在乎他心里的想法，甚至忽视他的需求。

忽视和误解的雪球越滚越大，晓冬也越来越敏感，他只有将自己的心包裹起来，进行自我保护。但只有他自己知道，他的心受伤了。

他的这种悲观情绪一直延续到成年，直到有人告诉他，他的行为都是正常的，是一种高敏感特质，这个世界上每五个人里就有一个和他相似。

晓冬说：“我好想抱抱童年的自己，告诉他不要觉得委屈，也不要害怕，这一切都是正常的。”

高敏感的孩子不被理解，他们的行为被曲解，甚至被要求强行改变，这种感觉很无助也很压抑。虽然他们不是大众预期的模样，没有按照一般人的轨迹成长，但他们也是孩子，他们的敏感和细腻也需要被大人细心呵护。

呵护并不等同于溺爱，错误的行为还是要被纠正的。比如一个高敏感的孩子不喜欢社交，一出去就哭，在学校也排斥集体活动。很多家长心疼孩子，孩子一哭就妥协，家长会说："孩子不喜欢出去就不出去吧，在家里玩也一样。"敏感的孩子的确得到了呵护，但会造成"窝里横"的性格，孩子在家调皮，在外害羞。久而久之，他会更排斥社交，甚至出现社交恐惧症。

所以呵护也需要坚持适度原则，要适可而止。在呵护高敏感儿童的同时，也要注意不要将孩子的事全部包揽，这样会进入另一个"妈宝"黑洞——做事没主见，一切听妈妈的话。尊重孩子，培养他们独立做事的能力，维护他们的自尊心，这些同等重要。

同事翠萍喜欢当众教训孩子，她认为只有这样孩子才能记忆深刻，才会意识到自己错了。有一次孩子考试没考好，数学最后一道大题没做，翠萍知道后也不管身边有多少人，在店里就开始批评孩子不努力，晚上学习到12点都是在做无用功，是熬夜给她看的。孩子被批时一言不发，全程低着头，最后离开店里时，我看到他的眼睛里充满痛恨，他避开所有人的目光，逃跑似的离开了。

翠萍的孩子平时就不爱说话，但很懂礼貌，跟不熟的人有些距离，但遇到有共同语言的人也很会聊天。他对声音很敏感，甚至能听到楼上邻居的呼噜声，他怕好不容易入睡又被吵醒，所以才学习到很晚。在家里，他几乎没有机会表达自己内心的想法，渐渐地就不愿意说了。

高敏感的孩子往往会更注重自尊感，外界一点点不尊重的态度或行为他们都能感知到。

父母伤害孩子自尊的行为，孩子会记忆深刻，而且会记很久，高敏感的孩子还会产生自卑心理，甚至触发内心的阴暗面，产生憎恨之意。他恨父母在大庭广众下的严厉批评，恨那些围观看到他窘态的人，更恨他自己。

由此可见，维护一个高敏感孩子的自尊心是多么重要。自尊心被伤害，会给孩子带来深远的影响，会侵蚀一个健康孩子的内心，让他们产生负面情绪，未来的发展也会受到影响。

那么在日常的学习和生活中，家长和老师要如何去尊重孩子呢？

首先，批评要避开众人，维护孩子的自尊心；赞美要在公开场合，让孩子感觉被重视。

批评也要讲究原则和分寸，适可而止，不要让孩子失去面子。可以在家里，家长和孩子面对面，引导孩子自己承认错误，说出自己心中所想。

卢梭认为，要尊重儿童，不要急于对他做出或好或坏的评判。

相信很多人都被“好心”的亲戚关心或评价过：没主动打招呼就说孩子没礼貌、胆子小，其实可能是孩子近视眼根本没看到；内向害羞就说这孩子真没出息，一点都不活泼；心思细腻、想事情多，就认为孩子优柔寡断，敏感脆弱。

不要轻易评价任何一个孩子，他们可能会因为你的一句话而睡不着觉。你无意的一句评价很可能会伤及高敏感孩子的自尊心。

其次，将孩子当作家庭的重要一员，保留并尊重他们的话语权。在沟通和交流时，大人与孩子的地位是平等的。

家庭会议也要让孩子参加，让他们知道自己被重视被尊重。如果大人犯了错，孩子也可以指出大人做得不正确的地方。

再次，适应孩子做事的节奏，当孩子做事犹豫时不要着急催促，引导孩子说出做事缓慢的原因，然后给孩子一些意见，帮助他们改进。

最后，尊重孩子的高敏感行为，帮助他们提高自我认知，不敷衍、不强求，顺其自然，在适当的时候进行干预和引导。

著名教育学家赞科夫曾经说过：“当教师把每一个学生都理解为他是一个具

有个人特点的、具有自己的志向、自己的智慧和性格结构的人的时候，这样的理解才能有助于教师去热爱儿童和尊重儿童。”

要把高敏感孩子当作是一个有特长的人，着重培养他们所擅长的，适度纠正会使他们不舒服的。

从心底接受你和孩子是平等的，拥有同样的权利，了解并尊重他们的行为。

爱孩子，就从呵护和尊重开始吧！

有针对性地引导孩子提高专注力

爱因斯坦曾说过这样一句话："兴趣和爱好是最好的老师。"当孩子对某些事物产生兴趣时，谁都不能阻挡他们的专注力。用合适的方法让孩子产生兴趣，引导他们做喜欢的事，专注力也能够被很好地培养。

高敏感的孩子容易被外界的事物影响心情，如果他们专注于眼前的一切，忽略外界的声音，那么负面情绪的侵袭也会减少许多。当然，这并不是让孩子沉浸在自己的世界里，只是帮助他们培养一种过滤掉坏消息的意识。

在生活中，高敏感的孩子本身就具有较长时间的专注力，他们的专注力大多在一些细枝末节上，会注意到别人看不到的地方，常常纠结一些看似很小的事情。

芳芳就是这样一个孩子，她是家里的"挑剔大王"，会观察到妈妈注意不到的细节，在妈妈扫地时会指出哪里还不干净，需要再擦一遍，不然会有细菌；会第一时间注意到妈妈的发型变了，爸爸该剪指甲了，想要一刻的拖延都不行；能听到细微的声音，她睡觉时家里不能有任何尖锐的声音，爸爸偶尔咳嗽一声都会吵醒她，然后大哭不止，奶奶做饭更是轻拿轻放，连切土豆丝都不敢太用力；能闻到细微的异味，卫生间有味道就不进去，直到忍不住尿了裤子，哭着要求妈妈给她换衣服；爸爸没洗澡就不能抱她，妈妈换了化妆品她能马上闻出来；衣服不可以有褶皱，要很平整，否则就会哭闹。

这一系列的情形光是描述出来就已经很累，想必在实际生活中更是让大人苦不堪言。芳芳是一个敏感的孩子，观察力很强，她将精神专注在家中的细节上，到了幼儿园也是如此，常被老师抱怨“太敏感”。

相信了解高敏感特性的人会理解芳芳的行为，对细节的观察能力是与生俱来的，虽然这些行为可以被理解，但在生活中难免会有些不便。在学校，同学和老师不会一直照顾高敏感孩子的“敏感行为”，因为这需要耗费太多心神。然而又不能一味地压制孩子对细节的观察和专注，这会让他们产生一种误解，认为自己的这些敏感行为是不对的，越不让他们注意这些细节，他们就会越压抑。假设芳芳的敏感行为一直延续到长大成人，到了谈婚论嫁时，好一点，找到一个与她同频的人，像父母一样包容她的这些小敏感，她也能生活如意。倘若没有找到呢？她的婚姻会幸福吗？也许也会，但她要付出很大的努力和代价，有可能要压抑自己的天性，忍住负面情绪去顺从对方。

朋友小C就是一个对声音很敏感的人，整个孕期都没有睡过一个安稳觉。她的睡眠问题不是因为胎儿，而是因为“声音”。她入睡困难，有一点细微的声音都不行，入睡后又容易被惊醒，之后就再也无法睡着。入睡前她需要忍受隔壁老人的呼噜声和说话声，虽然门是关上的，说话声也很轻，但她依旧能听到。半夜她会被咳嗽声吵醒，然后从凌晨三点一直清醒到天亮。

声音，只要不是独居，家庭生活中或多或少都会有。小C被声音的问题困扰了很久，从记事开始就存在了，被吵醒后，她的关注点会一直放在声音上，越专注就越难入睡。

由此可见，家长要适当地规范孩子的敏感行为。不是阻止观察力的发展，而是要将他们的视线转移。

很多高敏感的孩子在玩闹一天后，到了晚上仍然很兴奋，想要他们入睡是很困难的，他们把注意力都集中在白天发生过的事情上，越想越精神，怎么可能轻易入睡呢？其实这也是高敏感特质的表现，叫过度接受刺激。如果一直延续到成年，就会演变成这样一种情形，只要心中有事或者第二天要做一件重要的事就会紧张，会不自觉地去想。

一个高敏感的女人会因为第二天早上四点要蒸馒头而起夜三次。半夜一点不自觉醒来，心中有些忧虑，怕起晚了耽误了发面。想着想着不知何时做了个梦，梦到自己正在和面，结果水放多了，又加了点面，面多了，又去加水。梦不知何时醒了，她发现自己睡着了，看了一下表，怎么才三点十分。她躺在床上听着丈夫的呼噜声，再也睡不着，一会儿看一下表。她感觉过了很长时间，但其实只有五分钟，她开始焦虑不安，抱怨为什么还没有到四点。四点了，她很高兴地起床，终于不用如此焦灼地等待了，那真是太难受了。

大家可能对这个案例持有怀疑心态，会有这么傻的女人吗？

有的，这个女人不是傻，她只是有高敏感特质，我很心疼她。她把专注力全部放在了“蒸馒头”上，在脑海里将蒸馒头的每一个步骤都演练了一遍，并且考虑到了所有的细节。

因为专注，将细节把控得太完美，所以才会累及心神。

高敏感的孩子也是如此，侄女会因为第二天要演讲而早早醒来，接着躺在床上等待天亮，这与前文那位要蒸馒头的女人有异曲同工之妙。这些行为已经影响了他们的正常生活，敏锐的观察力和长时间的专注力已经是一种困扰了。

高敏感的孩子天生具有很强的观察力，他们对客观事物的感知比一般人更快。但如果将观察的重点落在细节上，就会给人一种“挑剔”或“敏感”的感觉，当这样的观察力影响到日常生活，就会变成一种负担。

那么我们要如何去缓解这种行为呢？如何才能有效发挥敏感孩子的专注力呢？

首先，善用注意力转移法，必要时可以用万能的系统脱敏法。

前文中的芳芳妈妈就用了系统脱敏法来引导孩子。先让孩子把专注力转移到别的地方，不再去想眼前的“问题”，然后循序渐进地将孩子置身于她觉得恐惧的事情里，比如她觉得卫生间有异味，不愿意进去，那就告诉她这没什么，进去了也不会出现她害怕的东西。然后和孩子一起走进去，进一步让她适应和接受。逐渐淡化她所感觉到的细节，忽略当前的感受，让孩子将事情看作是寻常，孩子就不会过分纠结了。

对声音敏感的孩子在出生时就已经表现出来，这也是为什么育儿专家会要求宝妈在婴儿睡着时播放“噪音”。当婴儿熟睡时，家里不可以太过安静，大人也没必要做什么都轻手轻脚，要像寻常一样做事情，甚至故意制造噪音来当孩子睡觉时的背景音乐，这样孩子就不会对突如其来的声音敏感了，睡眠效果也会更好。

其次，用兴趣和爱好将孩子的专注力引导到适合的方向。

在这里，我们不是否定高敏感孩子的观察力和专注力，只是引导他们不要太在乎那些会影响他们正常生活的“小敏感”。比如专注于细微的声音、气味，专注于某件会影响情绪的事情。当他们过度专注时，可以尝试将专注力转移到能激起他们兴趣的事情上。

比如入睡前过度思考，将专注力放在白天玩的游戏上，久久不能平复。那么就要引导孩子看淡已经发生的，躺在床上什么都不去想。家长可以给孩子讲他们最感兴趣的故事，给他们放最喜欢的音乐，让孩子把注意力转移到故事或音乐上，这样就可以轻松入睡了。

最后，家长要多鼓励，增强孩子的自信心，同时也要接受孩子的平凡，着眼于当下，不追求高标准，适合孩子的就是好的。

高敏感的孩子往往对自己要求很高，更富有责任感。做一件事情前会深思熟虑，想要完成得很好，甚至追求完美。这样无疑会给他们增添许多压力，越想做好，就越会付出更多的专注力。这个时候就需要家长给孩子一个相对宽松和自由的环境，不要给他们太多的压力。不去要求孩子做到最好，只需要用一颗平常心面对就可以。

敏感的孩子需要将他们的专注力着眼于当下，找到最适合自己的方式去生活，不必追求极致。

第五章

让孩子爱上自己的小敏感

教会孩子说“不”

“我儿子最近总是要我买铅笔，明明前两天刚买了二十支，没到一周又管我要，我一问才知道，这孩子把笔都借给同学了，他还不愿意不借，说是怕同学没笔用着急。同学是有铅笔了，他自己却常常搞得没有笔用。”

“小楠的同桌经常找她帮忙记作业，她每次都不会拒绝，因为她觉得同桌写字慢，怕她抄不完。她倒挺为同学着想，但代价就是自己没时间再抄一遍，最后还需要我问老师当天的作业内容。”

“从小我就不会拒绝别人，太会为别人着想，怕他们被拒绝后伤心。高考后我还拒绝不了亲戚们带孩子上我家补课，我怕爸妈为难，害怕他们生气。结果导致自己身体累，心更累。”

“我太累了，明明不喜欢的事情，但做了我妈就会高兴，拒绝她就会生气。所以我到现在都很会看别人的眼色，不会拒绝人。”

“我是父母和亲戚眼中的好孩子，心很软从来不拒绝别人，但我一直很累，最怕过年时表演节目，因为不敢说不，只能一直忍着，太难受了，有点讨厌自己。”

高敏感儿童心思敏感，共情能力强，他们不太懂得如何拒绝别人，认为这是一件很难的事情。

高敏感儿童不会拒绝别人的原因大致有三种。

第一，怕别人被拒绝后伤心和难过。他们会预见到这种悲伤，会产生感同身受的感觉，因此不忍拒绝。

第二，他们怕父母生气，怕大人觉得自己不乖，属于不敢拒绝。

第三，他们不会拒绝，也从来没有说过“不”。家长给他们的教育是助人为乐是美德，他们没有说不的理由。

由此观之，不会说“不”的高敏感孩子内心是很纠结的，他们会感觉很累。就算偶尔成功拒绝了别人一次，也会因为冥思苦想拒绝的理由而花费大量的精力，这往往也会让他们感到筋疲力尽。

小L最近接到一通来自老家的电话，是许久没联系的表哥，说表嫂的单位要每人交一首诗，要她帮忙写一首，不限题材字数，第二天就要交。或许在亲戚眼里，小L是出过书的作家，写一首诗应该是举手之劳，找她写是给她面子，她还有理由拒绝？

可小L只想仰天长啸，奈何又不敢拒绝，事实上从小到大她都不会拒绝别人。五岁时表妹喜欢她最心爱的玩具，临走时要装到包里带走，小L的爸爸大手一挥说，既然孩子喜欢就拿去吧。她心里苦，想拒绝却不敢开口。高考结束后她给初中生补习英语，一小时收费三十，舅爷家四姑的女儿也要来补习，却绝口不提学费。她不敢说不，因为这也是她爸答应的，如果拒绝，父亲的脸色就会很难看。她最不喜欢过年，因为在除夕家宴上需要发言，表达节日的喜悦和对长辈的祝福。小L是家里老大，每次都被要求最先发言，说是要给弟弟妹妹们树立一个好榜样。她讨厌这种被逼迫的感觉，每次除夕前都睡不好，一直到家宴前都魂不守舍，整天觉得胸口像是被压了块石头，沉重得透不过气来。察言观色、体会父母的心情，小L从小就做得很好，因为一旦说不，她的父母就会不开心，甚至会骂她不懂事。

从小L的事例我们可以看出，她不会拒绝别人很大程度上是受到了父亲的影响。她的父亲没有将孩子认定为独立的个体，没有尊重孩子的想法，她完全成了大人的附属品。并且不会在孩子面前掌控自己的情绪，让孩子产生了恐惧心理。家长的威慑让小L不敢拒绝。

孩子从小没有学会如何说不，未来的成长也会受到影响。进入社会后，若在生活和职场中也不会拒绝他人，久而久之他们会产生巨大的心理压力。

长大后的小L依旧不会拒绝别人，所以她要先帮亲戚写好那首诗，然后再熬夜做完自己当天的任务。

高敏感的孩子在面对面交流时更难说不，习惯以沉默表示拒绝，但结果往往会让他人得逞。玩具被拿走、喜欢的食物被抢走、像小丑一样在家庭聚会时被人捉弄。

面对不合理的要求，他们虽然感到不舒服，却不敢开口，只会默默地接受，长此以往更加不知道如何拒绝。

那么，我们要怎么教孩子说不呢？

首先，家长要尊重孩子的选择，给孩子“说不”的机会，拒绝做“一刀切”式的父母。

“一刀切”式的父母把孩子当成自己的附属品，想要孩子按照他们设定的方式做事，不给孩子反驳的机会。这种方法会让敏感的孩子压抑自己的情绪，有些家长甚至会通过打骂的方式让孩子屈服，孩子在这种情况下是不敢说不的。

要想改变“一刀切”式的家庭氛围，父母就要改变思维模式，尊重孩子，给孩子说话的机会，鼓励他们将内心的想法表达出来。

其次，告诉孩子遇到不合理的要求时，要学会巧妙应对、大胆说不，努力做一个独立思考、有主见的孩子。

让孩子知道拒绝别人是对自己负责的表现。如果别人的请求让自己不舒服，或是违背了道德和规则，比如一起逃课去网吧、欺负同学、跟老师撒谎等，那么就要勇敢地开口说不。

要培养孩子独立思考的能力，不在家长的陪同下拒绝他人。只要对方提出的要求不合理，那么孩子就有权利说不。

再次，教给孩子拒绝的技巧，但也要避免孩子进入“拒绝惯性”——只要不喜欢就说不。

可以让孩子推迟做出决定，委婉地拒绝。让孩子说出真实的理由，诚心的拒绝会让彼此都很舒服。教孩子学会分享和拒绝，自己的玩具主动拿给朋友或亲戚玩，是分享。朋友和亲戚想要强硬地拿走，首先要经过自己的允许，如果自己不同意，那么就可以明确地拒绝。

同时家长也要警惕孩子习惯性说不。如果家长让孩子去写作业，这个时候孩子也说不，就是无理取闹了。

最后，让孩子学会说不的同时，也要坦然面对他人的拒绝。

高敏感的孩子心思细腻，考虑事情比较全面，怕拒绝别人后会失去这个朋友。此时需要告诉他，如果这个朋友因为一次拒绝而离开，那么他就不值得继续交往。朋友之间应该真心相处，不能有讨好别人的心理。

要让孩子知道拒绝和被拒绝是很平常的事情，不要把这件事看得很重。拒绝别人后不要胡思乱想、陷入思虑过度的痛苦中，也不要猜测别人会怎么想，一切照旧即可。如果控制不住，就找些事做来转移注意力。

现在就教会高敏感孩子说不的技巧，让他们的心轻松一些吧！

不完美才是真的完美

邻居的孩子楠楠从学校回来后很不开心，询问之下才知道，老师让她收同学们的英语作业，可是有一个调皮的小男孩非但不交，还来捣乱，抢她的作业，说要借来抄。一翻抢夺后，她收上来的作业被弄得一团糟。

楠楠说，那些作业是她按照同学们的学号，一本一本排好顺序码放的。她非常认真，每一本都检查之后整整齐齐地摆在桌子上，就差男孩的一本就可以完美地交给老师了。

邻居对于楠楠心思细腻、做事认真很是赞赏，但楠楠有时太过注重别人的看法，过分追求完美。邻居安慰了女儿，并且跟她做了一次深入的交流。

通过这件事，邻居找到机会告诉女儿做任何事都是会遇到阻力的。收作业可能遇到不配合的男同学，做其他事也可能会有不如意的情况，这些都是她眼中的不完美。生活和学习中存在着很多不完美的事，要把这些不完美看成是平常事，以平常心对待。

高敏感儿童的责任心很强，他们对家长或老师交代的事情很重视，会认真去做，这是他们的优点。但他们常常会过度追求完美，很容易陷入完美主义的误区。

心理学家大卫·伯恩斯认为，完美主义是追求一种非理性的远大目标，完美主义者会竭尽全力追求不可能实现的目标，并且会以生产力和成就来衡量自己的价值。

在中国古代，完美主义仿佛书中记载的《桃花源记》，是人们难以实现的目标和理想。

对于高敏感孩子来说，做事认真负责会消耗他们大量的精力、花费更多的时间去思考。他们往往很看重结果，有时忽视了过程。要告诉孩子追求目标的过程也值得享受其中，无论结果如何都不应该影响自己的心情。

高敏感孩子过分追求完美会产生什么结果呢?

让我们先从下面几个实例中看看他们的具体表现吧。

在他们眼里，饼干就应该是圆圆的，如果把饼干掰碎了，孩子会觉得饼干不完整，甚至不愿再吃了。

写作业时按顺序做题，有一道题很难，已经用了一个小时还没完成，继续写也不能确定还要花费多少时间，但他们不会选择先做下一题，跳过去就不完美了。

体育考核所有项目都要通过，为此增加时间去练习，结果因为伙伴的失误导致自己不及格，崩溃大哭。

老师要孩子当班长，由于孩子太追求完美，耗费在班级管理上的精力过多，导致自己筋疲力尽，晚上睡不好，偶尔还会失眠。

学习小组的成员学习成绩都很好，身为组长的孩子太过认真，有同学成绩下滑，他就很着急地想让同学的成绩提上去。

完美本身是没有问题的，过度追求就会出现问题了。高敏感孩子会将那些不完美的存在看成是亟待解决的问题，会消耗大量精力去处理，让自己的心情受到影响，出现焦虑、烦躁、不安、忧心等情绪问题。此外，他们会对自己不满意，认为自己能做得更好，甚至会苛待自己。他们还有可能将这种苛待加在别人的身上，这不利于人际交往，会让同学或朋友感到压力很大，想要远离他。

敏感的孩子认真起来会产生很大的能量，他们会纠结自己的想法和行为，主动制定规则去遵守。但这当中的度如果没有掌握好，就容易陷入完美主义的状态，因此家长需要及时介入，用恰当的方法来引导，告诉他们认真即可，不要追求百分百的结果。

思思要参加学校的演讲比赛，她做了很多准备，演讲稿背得很熟，并且在家里演练了很多遍。但在比赛当天马上轮到她上台时，她却退出了。回到家中，思思妈妈问思思为什么放弃，思思说，比赛前她发现自己很紧张，连演讲稿的第一段写的什么内容都忘记了，大脑一片空白，她怕分数不高得不了第一名，所以放弃了。

很多追求完美的人认为，如果不是100，那么就是0，没有中间值。

思思就是这样认为的，得不到第一名，她就放弃了这次演讲比赛。思思的妈妈告诉她："我们参加比赛并不只是为了拿名次，参与其中的过程也是很值得纪念的。如果没有比赛就放弃，那之前的努力就白费了。"

金无足赤，人无完人。不完美，才会有进步的动力和空间。告诉孩子不完美才是真的完美，人生要留有余地才更有魅力。

就像莱昂纳德·科恩的《颂歌》，这首歌中有一句歌词是这样的："There

is a crack in everything，that's how the light gets in.”翻译过来就是：“万物皆有裂痕，那是光照进来的地方。”

所有事物都不完美，世事也不都顺心如意。那些不完美、缺陷和挫折留下了裂痕，当太阳升起，温暖的光才会照射进去。要让高敏感的孩子知道，挫折和失败是人生道路上必然会遇到的，只有跨过那些坎坷，幸福的光才会如期而至。

哈佛大学心理学博士泰勒·本–沙哈尔开设的“幸福课”风靡全校，很受学生欢迎。他认为，幸福感是衡量人生的唯一标准，是所有目标的最终目标。

沙哈尔博士曾说过一句话：“允许自己成为人。”这里的“人”是指具有七情六欲的人。他也曾陷入过完美主义的漩涡中，后来通过积极心理学调整自己的情绪，知道了或许生活的本质就是不完美。

看淡一切，让自己归于平凡，不苛求完美，只追求幸福。家长要告诉高敏感儿童，完美只是相对的状态，不完美才是生活的常态，要正确对待生活中的缺陷，了解自己的真实情况，让自己紧张而敏感的心轻松一些。

国学大师季羡林先生也曾说过：“不完美才是人生。”

孩子的人生才刚刚开始，真正的美好在于对幸福的追求。幸福和快乐永远是孩子努力的目标。

孩子为什么会讨好他人

邻居家的孩子小瑜很听话懂事，在幼儿园是个爱帮助别人的孩子，只要自己能做的事，绝对不麻烦其他小朋友或老师，还经常把自己的水果分给其他小朋友吃。

众人都觉得小瑜很懂事，但小瑜似乎很累，也经常苦恼。她曾经对母亲说："再给我多带些水果，如果我不分给他们吃，他们就不和我玩了。"

这个时候家长就需要警惕了，孩子可能出现了讨好型人格。她表现出的乖巧和懂事，实际是在讨好身边的人。

讨好型人格的人，他们会一味地讨好他人而忽略自己的感受。不懂得拒绝别人，会为了实现某种需求委屈自己真实的想法，甚至还会做一些违心的事。

高敏感儿童拥有讨好型人格，一部分是受父母的影响。父母因为忙碌等理由忽视了孩子，没有给他们足够的关注。而孩子渴望得到爱和关怀，所以变得很懂事，想要借此去讨好父母。外界的评价也会给他们造成困扰。为了达到能获得父母或老师喜爱的标准，他们会努力将自己变成别人眼中的优秀孩子，这也是在讨好他人。同样，父母的讨好行为也会对孩子产生影响。比如父母在面对领导时卑躬屈膝、谄媚讨好，领导走了之后马上变换态度，孩子就会模仿。

另一部分来自他们的高敏感特质。比起一般的孩子，外界产生的情绪对他们的影响会更深。他们大多内向、不爱主动交际、缺乏安全感，甚至有自卑心理，他们为了获得安全感而去讨好身边的人，可能是父母、朋友、老师，长大后也同样会讨好伴侣。

日本电影《被嫌弃的松子的一生》中的女主人公松子就是一个具有讨好型人格的人。她的讨好行为是从童年开始的，一直延续到长大成人。为了得到父亲的关注和认可，她可以做鬼脸，以一个小丑的姿态出现在父亲面前。成为老师后，为了保护偷钱的学生，谎称是自己偷的。被学校辞退后离家出走，过着颠沛流离的生活。在一次次的伤害中讨好伴侣，宁愿被家暴也不愿意被伴侣抛弃。她太渴望得到关注和爱了。

松子的这种讨好型人格是怎么产生的呢？我们追溯到她的童年，还原一下她的原生家庭。松子有个常年缠绵病榻的妹妹，获得了家庭成员全部的爱和关注，父亲会给妹妹买礼物，对妹妹笑，跟她说话，对她关怀备至。但是松子从来没收到过礼物，父亲在看她时总是板着脸，没有笑容。直到有一天，父亲带松子去游乐场，有个小丑做了个鬼脸，父亲笑得很开怀，松子也学着做了一下，父亲笑得更开心了。为了得到父亲的关注，让父亲展露笑容，她学会了做鬼脸去讨好他。

家人对松子的态度冷淡，在长期缺爱的环境下，她极度缺乏安全感，渴望得到别人的关心和爱，所以逐渐萌生了讨好他人的想法。父亲会被鬼脸逗笑，她就做鬼脸讨好父亲。她被作家丈夫家暴，就算被打得鼻青脸肿也依然笑脸相迎。她一直在讨好他人，却一直在受伤害，她没有安全感，自卑、缺爱。

童年时期的伤痛和阴影得不到解决就会一直延续下去，给未来造成困扰，产生持续性的伤害。这种讨好别人的习惯和意识需要被及时纠正，尤其是高敏感儿童的家长更应该预防这种问题。

高敏感儿童在生活和学习中更容易受到他人的影响，懂得对父母察言观色。如果外界环境不改变，父母有意让高敏感的孩子去做一些他们不喜欢的事，用迎合他人的方式去生活，那么高敏感儿童就会产生一种“假性自体”，在讨好他人的过程中失去自我。

什么是“假性自体”呢?

“假性自体”由英国精神分析学家唐纳德·温尼科特提出，他在《家是我们开始的地方》这本书中阐述了假性自体的概念，他认为假性自体来源于生命初期的母婴关系。

温尼科特觉得称职的母亲应该用“足够好”来形容，不是“好”的，也不是“完美”的，而是“足够好”。在婴儿需要母亲时，母亲就需要及时给予关怀，把婴儿抱在怀里或者亲吻他们。母亲对婴儿的爱就像一面生动的镜子，让孩子有安全感和幸福感，这样孩子才会在被爱中逐渐产生自我，更快地适应陌生的世界。

足够好的母亲可以满足婴儿的任何需求。当婴儿饿了时，母亲会喂饱他；当婴儿产生需求时，母亲就给他抱持，婴儿的生理需要得到满足，渐渐就会培养出真实自体。不够好的母亲在面对婴儿发出“我饿了”的信号时，无法立刻满足，而是要等她准备好了再去喂。母亲会通过自己的表情和动作，把暂时不能喂养的意思传达给婴儿，婴儿会本能地顺从，这种顺从在一定意义上就是婴儿早期的“假性自体”。

有的孩子喜欢画画，可母亲非要让他学乐器，孩子为了让母亲高兴而做出妥协，这就形成了“假性自体”。当孩子受到伤害或惊吓需要抱抱时，母亲表示很忙，暂时不能抱，你要乖一点等母亲忙完。孩子为了得到母亲的关心和拥抱，会变得乖巧听话，同样也会形成“假性自体”。

在“假性自体”形成的过程中，孩子会顺从、会讨好、会压抑真实的自我，将塑造的“假性自体”表现出来，以达成自己的需求。

这个过程仅仅用文字描述就已经让人很悲伤，实际上当孩子去讨好他人时，他有多么难过呢？他所表现出来的乖巧和懂事，或许都掺杂着伤心和压抑的成分。

松子真的喜欢做鬼脸吗？她只是想让父亲笑一笑，将目光停留在自己身上。她真的不讨厌被家暴吗？不过是想得到伴侣的陪伴和爱。

所以当孩子出现讨好他人的行为时，父母一定要及时干预，给他们多一些爱和关怀。

要鼓励孩子做自己，不要因为任何事情去讨好别人，包括父母。如果父母提出不合理的要求，也要鼓励孩子说出自己的想法，不要压抑自己。

给敏感的孩子提供恰到好处的呵护，该关爱时绝不犹豫，在他们需要时给予陪伴和关怀，不要让孩子看着父母的脸色行事，也不要让孩子顺从和讨好他人。给敏感的孩子一些自由的空间，让他们远离“假性自体”，跳出讨好的怪圈。

降低标准，获得幸福和快乐

从孩子进入学校开始，人们就喜欢用既定标准去衡量他们的成长，用分数和年级排名将孩子划分开。分数高、排名靠前的孩子学习成绩好，是人们认定的好学生，更受老师和家长的青睐。那么在高敏感孩子当中也会有一个既定标准吗？也就是说，对于高敏感特质是天赋这一点，有什么评判准则吗？

高敏感的孩子该如何面对自己的小敏感，要转化到什么程度才能得到别人的认可呢？很多家长会有这样的疑问。

其实我们不需要用既定的标准去衡量，也完全没有必要获得别人的认可，因为高敏感特质就是孩子的特殊品格。如果敏感的部分影响了孩子正常的生活和学习，那么我们要引导孩子正确地对待，而只有孩子觉得合适的、有助他们成长的才是正确的。

如果一个高敏感的孩子对人际交往存在恐惧感，害怕与人相处，不敢说话，让大家觉得他不合群，这种敏感影响了孩子的正常生活，那么我们就需要改变这种状况，由家长进行干预。我们知道，人际交往能力强的孩子大多活泼开朗，乐观向上，情商高，能言善辩，在孩子们当中很受欢迎，老师和同学对他们的评价也都很好。而高敏感的孩子则需要通过引导，克服恐惧与人相处的心理，逐渐转变为愿意走出去交朋友。高敏感的孩子也是可以在他们喜欢的领域进行正常交流的，他们并不是排斥社会活动。开始有了转变之后，再引导他们更上一层楼，尝试步入人际交往能力强的孩子的阵营。如果高敏感孩子觉得很吃力、压力很大，则可以先停留在这个层面。

也就是说，若高敏感的孩子不排斥参加社会活动，我们用good去评价；当他们在熟悉的领域可以很好地社交，和小朋友一起玩，我们可以用better去形容。能从good到better就已经很好，这个better的状态让高敏感的孩子觉得舒服，是他们的安全社交范围。如果他们在这个状态中获得了友谊，没有让敏感影响生活，那么就没有必要一味追求达成高标准——社交能力强、善于人际交往的状态。

对于高敏感孩子来说better就很好，没有必要追求更高标准的best。降低标准会让他们离幸福和快乐更近。

小好的高敏感特性从小就给她带来很大的负担，她和许多高敏感的成年人一样，现在还在为自己的高敏感行为所困扰，依旧有人给她贴上“敏感”和“玻璃心”的标签。高敏感特质与生俱来，优点和缺点在孩子身上都表现得很明显，如果在儿童时期就把那些偏向缺点方向的敏感特性纠正，那么他们是不是就不会一直到成年都被高敏感特性所困扰了？

艾伦博士不止一次提到过这一点：孩子的问题应该在孩子时期解决，越早越好，不要将问题拖延到成年，那会增大解决的难度。

小好从小就因为感官上的敏感而被妈妈说是“难养”，经常因为小事哭闹，让妈妈心力交瘁。上学后她变得更敏感内向，会因为小事难过，会看别人的脸色。父母对她的关心和教育不够，只是一味地要求她别人家的孩子怎么做，她就应该怎么做。这让她感觉压力很大，透不过气。这种情况到了成年也没有好转，她更加谨小慎微，对周围的人很好，从不拒绝别人。高敏感特性十足的小好就在被人忽视的环境中成长起来，直到她接触了高敏感心理学，知道了她的那些小敏感都是可以转化的天赋之后，她才释然，终于可以放下那些世间所谓的优秀准则。现在的小好虽然依旧敏感，但她可以获得许多快乐，别人都想达到优秀，她只要及格就很幸福了。

如果说将敏感特质转化为天赋也分为优秀、良好、及格的话，那么作为家长的我们希望孩子达到什么标准呢？高敏感孩子本身又想要选择什么标准呢？毫无疑问，选择及格的孩子或许会更幸福。

知足常乐，就是这个道理。

幸福就是获取快乐。高敏感孩子的幸福阈值不用很高，也没有既定标准，让自己舒服、恰到好处即可。

孩子获得的快乐和幸福往往很简单。小朋友给的一块糖、妈妈送的生日礼物、和爸爸一起做游戏、考试成绩进步了、新学会一个单词、老师的一句鼓励……这些简单的快乐构筑了孩子的童年时光。纯真无邪是生命最蓬勃的姿态。

高敏感孩子的快乐也许会更容易获得。老师一个鼓励的眼神落在身上，他就会因为老师的鼓励而信心满满，快乐一整天。心理学家认为，高敏感的孩子也很容易被正面情绪影响，积极的情绪能带动他们自我激励和成长。

有的孩子考试成绩及格就很快乐，有的孩子考了满分也不开心。这两种孩子谁更容易获得快乐和幸福呢？很多事情往往过犹不及，我们不妨适当地降低标准，不去追求完美，让孩子感到“刚刚好”，成就孩子的快乐和幸福。

因为与众不同，高敏感的孩子会受到更多的关注和评价，家长也致力于将影响正常生活的敏感部分纠正或删除掉。他们会高标准、严要求，喊着“一切都是为了孩子好”的口号。但是为了孩子好，也要征求孩子的意见，倾听他们内心的声音，家长要尊重孩子的选择，认真对待孩子提出的意见。毕竟，幸福和快乐是由孩子们亲自体验的，家长的共情能力再强，也不能代替孩子去感受。

有些家长认为敏感的孩子就应该改掉犹豫拖延的缺点，却忽视了孩子细心认真的一面。就像朋友家的孩子芊芊，在面对选择需要她做决定时会思考很久，给人一种犹豫不决的感觉，在别人很着急时她依旧我行我素，也不开口解释，让别人产生很深的误解，认为她没礼貌。而她的妈妈认为孩子只有做事干脆利落才能得到别人的认可，于是一直训练她，结果反而给她造成很多压力，让她很反感。

老师知道了这件事，跟芊芊沟通了很久。让芊芊试着把自己的想法说出来，告诉身边的人：“别急，我只是在思考这件事，请再给我一些时间。”简单的一句话就能消除误会，也不再让人觉得她不懂礼貌了。

老师也对芊芊的妈妈说，芊芊现在很开心，她终于不再被人误解了。这对孩子来说就是刚刚好的幸福，没有必要给孩子太多的压力，或是一定要他们达到某一目标，只要孩子进步了就很好。

让高敏感的孩子拓宽自己的幸福阈值，不被高标准的条条框框所束缚，让他们保留一定的小敏感，不必追求完美，只要尽力做好当下的事就能获得简单的幸福和快乐。

拒绝做“别人家的孩子”

“看你表姐，从小就懂事听话，多讨亲戚们喜欢，你怎么不像她一样呢？”

“我单位同事家的孩子真是优秀，升学宴时在台上讲的那段话真是太棒了，声音洪亮，气质不凡，真是个好孩子。”

“邻居家的孩子真优秀，学习成绩好，性格也好，活泼开朗，愿意说话，可懂礼貌了。”

“朋友的女儿在英语竞赛中获得了二等奖，你怎么连英语单词都没背好呢！跟别人家的孩子多学学。”

“别人家的孩子”，这几个字的出现频率可谓相当高，家长们乐此不疲地用“别人家的孩子”教育自己家的孩子，以为这个方法能解决很多问题，但结果却适得其反。孩子都很反感父母拿自己与别人相比，甚至会增加问题解决的难度。

微博上曾经有一个热帖，讲述的就是“别人家的孩子”，在网络上一度引起共鸣。帖子上写道："从小我就有个宿敌叫'别人家的孩子'。这个孩子从来不玩游戏，不聊QQ，不喜欢逛街，天天就知道学习，长得好看，听话又温顺，回回考试年级第一……"

诸如此类的话相信大家都耳熟能详。父母经常会盛赞别人家的孩子，顺便还表达了一种期盼：如果我的孩子也像别人家的孩子一样就好了。用一句话来总结就是"别人家的孩子是个宝，自己家的孩子像根草"。

有人指出，经常在孩子面前提起"别人家的孩子"是在伤害孩子的自尊心，会让他们伤心难过。但不少家长会说："不，这其实是一种鼓励，是要孩子向'别人家的孩子'学习，以他们为榜样。这是爱孩子的表现，是一种变相的激励。"

然而结果却不遂人愿。家长到最后都会很失望，孩子和他们越来越不亲，甚至有些反感，不想和他们交流沟通。高敏感孩子的反应会更明显，还可能引起深度的情绪问题。

亲戚家的表嫂就喜欢用"别人家的孩子"来激励自己的儿子，她认为自己做得很成功，孩子的学习成绩不断提高，名次也在进步，她经常在家族群里炫耀自己的育儿经，分享成功的喜悦。可是在孩子初三时，她突然在群里销声匿迹了，从前的活跃分子竟然安静起来，再也不发言了。后来我们从表哥的描述中得知，原来表嫂的教育方式出现了巨大的问题，她与儿子的关系已经进入冰川时代。让我们一起看看这个案例，分析一下"别人家的孩子"到底会给高敏感儿童带来什么影响。

表嫂的儿子升初三时成绩名列前茅，说是其他家长口中的"别人家的孩子"也不为过。但表嫂不满意，经常拿年级第一来和儿子比较，以此来鼓励儿子百尺竿头，更进一步。不仅如此，她还要求儿子克服内心的敏感，不要悲天悯人，要和外向的孩子一样活泼开朗，德智体美全方位地发展，这样等将来进入社会才更有竞争力。她将一切都安排好，按照自己设想的目标要求儿子，并且自认为很有责任感，是优秀家长的典范。

可这位典范不知道自己早已将孩子压迫到尘埃里去了。学校期中语文考试的作文要求学生以母爱为题写一篇文章，表嫂的儿子直接在考场上崩溃大哭，监考老师立即叫来了班主任和家长，他写的作文也公之于众，题目是：我想要别人家的妈妈。他在文章中写到自己的妈妈很不喜欢自己，认为自己一无是处，无论怎样努力妈妈都不满意，他已经快要窒息了。如果母爱就是不断地施压，不断地剥夺，那他宁愿换一个妈妈。如果换不了，那么他盼望快点长大，好离开家，永远都不要再见到妈妈。

其实每次表嫂将“别人家的孩子”搬出来时，她的孩子都会感到很难过，觉得妈妈不喜欢他，更愿意要别人做她的孩子。表嫂的儿子感到自己做什么都不能让妈妈满意，自信心一次又一次地被击碎。久而久之自卑感倍增，他开始反感，开始怨恨，怨恨妈妈，也怨恨自己。

有人认为这样的孩子太敏感，妈妈这么做都是为了他好啊。可是这位妈妈有没有想过，这所谓的“好”，孩子愿不愿意接受呢？高敏感的孩子很容易自我否定、产生自卑感，甚至生出恨意。

强行让一个内向的高敏感孩子变得外向，这难道不可怕吗？不可否认外向的孩子在社会上很有竞争力，但也不能否决内向孩子发光发热的可能性。让孩子保持初心，不管外向还是内向，都能获得快乐和幸福。

高敏感的孩子有自己的特点，与其和别人家的孩子做比较，不如让他们自己与自己比较。

今天比昨天多睡了一个小时，没有受到声音的影响，这就是进步；今天比昨天思考问题的时间缩短了一分钟，没有过多犹豫，这也是进步；昨天不敢主动去交朋友，今天和别的小朋友一起做游戏了，这都是进步。

自己与自己比较，每天都进步一点点，让高敏感的孩子有时间和空间去消化所得到的信息，让他们适应自己的高敏感特质，如果这些小敏感影响了正常生活，那么面对它，解决掉就可以了。

孩子的世界很简单，就是一次次地遇到问题，然后一点点解决问题，在解决问题中不断地成长。高敏感儿童与一般人一样，都是在摸索中前进，敏感也好，不敏感也罢，不要过分在意它。

家长要看淡一切，不要给高敏感孩子贴上“特殊”的标签，也不要刻意隐藏孩子的小敏感，只有做到无视它，才能更好地正视它。

既然孩子拥有与生俱来的高敏感特质，家长就应该去接受、去珍惜，要有作为“不一般孩子”父母的觉悟，并且和孩子一起爱上他们的小敏感。

我们和孩子是站在同一阵营里的，不应该对立，也不能变成孩子的假想敌。尤其在对待高敏感孩子的时候，不要把“别人家的孩子”挂在嘴边反复提及，这样对他们不公平。我们要忽略来自外界的压力和评价，不要成为孩子的心理负担。

拒绝“别人家的孩子”，让高敏感的孩子做自己，将高敏感特质当作不可或缺的一部分，接受它，转化它，爱上它。

第六章

让高敏感儿童学会掌控自己的情绪

跟孤僻和不合群说再见

去除偏见和标签，高敏感儿童出现孤僻和不合群的表现，是何种情绪的体现呢?

情绪是一种主观的认知和体验，它可以通过面部表情、姿态表情和语调表情表现出来。当高敏感孩子出现孤僻和不合群的行为时，他们表现出来的情绪有不高兴、悲伤和忧郁。孤僻和不合群是这些情绪的行为特征。

保罗·艾克曼是美国加利福尼亚大学的心理学教授，他认为人类有四种基本的情绪，即喜、怒、哀、惧。这与颜色中的三原色相似，三原色通过多种形式融合会形成不同的颜色。以四种基本情绪为基础，也可以混合成不同的情绪。

高敏感儿童的应激反应强烈，对情绪的感知也更敏锐。情绪往往会通过语言、动作、神态来表现，应当恰到好处地引导高敏感儿童，让他们学会掌控自己的情绪。

小C天生具有高敏感特质，童年时期因为父亲工作的关系，她随着家人辗转于几个城市生活，学校也换了好多。每次到新的学校她都会很不开心，并且对陌生的环境感到害怕。她在新学校表现得很内向，上课从不举手发言，只是闷头坐在教室的角落里等下课，不参加集体活动，也不和同学玩，总是一个人独来独往，像个局外人。

热闹和快乐是别人的，小C什么都没有。渐渐地，她被贴上孤僻和不合群的标签。

小C的母亲是个温柔体贴的女人，她觉得带着女儿四处奔波不利于孩子的成长，对女儿有愧疚感。她很重视小C在学校的表现，第一时间去了解了情况。她开始和小C交流，引导孩子说出自己的内心感受，并且将重心转移到孩子身上，多给她陪伴和照顾，经常带她出去散步，还约了小C的同桌一家去郊游，让小C也有机会了解同桌，和她交朋友。

这样做的效果很好，小C的同桌开朗活泼，小C却是一副生人勿扰的样子，没想到私下接触后，小C发现两人有不少共同语言，而且都对英语学习很有研究。有了这一次的深度交流，小C在学校交到了第一个朋友，虽然她还是不主动参与班级的集体活动，但在同桌的带领下，小C融入了一个学习小组，脸上悲伤的表情慢慢不见了，对陌生环境的恐惧感也渐渐消失了。

当高敏感孩子感到不高兴和悲伤时，他们会通过各种行为表现出来。比如不爱吃饭，对平时爱吃的菜视而不见；不想交朋友，不愿意去幼儿园；想一个人待着，不参加集体活动；脸上没有笑容，看起来很伤心；情绪低落，对什么都提不起兴致。

小C是用孤僻和不合群来表达悲伤的，那么是什么原因引起的呢？

首先是外部环境的影响，陌生的环境会让高敏感孩子缺失安全感，他们会感到害怕和不安；其次是家庭因素，父亲工作经常变动，而且很少陪伴孩子，对孩子不够关心。最后是孩子本身的原因，小C是高敏感儿童，缺乏自我调节情绪的经验。

如何才能让高敏感儿童缓解不高兴和悲伤的情绪，跟孤僻和不合群说再见呢?

首先，忽略外界的标签，认真了解孩子不合群的原因，避免过度干预让孩子形成讨好型人格。

很多家长在发现孩子孤僻不合群时会生气，这也许是“面子工程”引起的心理不适，他们认为：“我这么优秀，我的孩子怎么能孤僻呢？”毫无因果关系的执念，不仅不能帮助孩子，还有可能对孩子产生二次伤害。

孩子被说成“孤僻和不合群”，他们会不开心，这是初次伤害。

家长觉得没面子，气不打一处来，通过吼骂等方式强行让孩子合群，这就造成了二次伤害。

高敏感孩子不合群的原因是多方面的，每一个孩子都是独一无二的，他们的思维也是千差万别的。到底是什么原因触发了他们敏感的神经，这需要家长通过交流和倾听去发现。

强制孩子合群会导致两种后果。其一，孩子合群，但会产生很多负面影响。碍于家长的强权压制，他们不得不逼自己合群，为了不再承受心理压力而讨好家长，很可能会形成讨好型人格。其二，孩子更加孤僻，甚至会出现逆反心理，拒绝参加一切社会活动。

其次，用系统脱敏法来循序渐进地打开孩子敏感的心扉。

万能的心理治疗法又一次闪亮登场了！系统脱敏法讲究循序渐进，要领就是由点及面，一步一步达到治疗的效果。诚然儿童的高敏感行为并不是病症，也无须治疗，我们只是用系统脱敏法来干预孩子不合群的行为。

我们可以给孩子列一张“合群不适感”的清单，让孩子说出不合群的原因，是什么导致了他们不舒适的感觉，然后按照清单上的内容逐一攻破。家长可以陪孩子一起参加集体活动，让孩子尝试“合群”，等不适感有所缓解后再一项一项划掉清单上的内容。

有些孩子不喜欢参加团体活动是因为想要深度交流，那么就不要拘泥于合群本身，可以让孩子只参加两个人的活动。案例中的小C就是先和同桌建立起友谊，一起学习英语，最后参加了学习小组的活动。

最后，快乐的交际是前提，好的引导方法不是负面评价悲伤情绪，而是要用快乐占据整个心灵。

当高敏感孩子表现得不爱融入团体活动时，他们可能认定独处是一种更舒服的状态。如果强制让孩子合群，他们会产生压力，会认为这是一种心理负担，甚至会出现焦虑和不安的感觉。

而当“孤僻”“不合群”的标签贴在他们身上时，他们会感到悲伤，往往一边我行我素不参加集体活动、一边又在意着别人的看法。这个时候孩子受伤的心需要得到治愈，家长可以带孩子做一些让他们感到快乐和幸福的事，用愉快去代替悲伤。

解决忧伤的办法不是赶走它，而是用快乐去代替它。

如果家长用系统脱敏法帮助孩子融入集体，但孩子仍感觉不自在，那么就要考虑自己的孩子是否可以走另一条路了。有时“孤僻”和“不合群”这两种行为的背后并不是不开心。前文提到过，高敏感孩子在人群中占20%，天生的高敏感特质注定了他们与众不同。有针对性地培养他们的兴趣和爱好，或许你会收到更多的惊喜。

美国的儿童研究所做过这样的实验，跟踪调查很多高敏感儿童，研究他们的成长轨迹，结果这些高敏感孩子中的大多数都成了科学家、艺术家。

条条大路通罗马。每一个孩子的成长道路都是不同的，无论将来如何，成长过程中一定要有快乐相伴。忧伤和难过只是一时的，当孩子学会如何面对负面情绪，一切都将迎刃而解。

到最后你会发现，外界的评价和标签都是浮于表面的，“孤僻”也好，“不合群”也罢，孩子的本质是什么、他是否真的觉得快乐，只有孩子和你知道。而这才是最重要的。

孩子的自卑感是怎样产生的

你的孩子有这样的表现吗？

从不参加学校的比赛，勉强参加也会临阵脱逃，害怕失败，受到挫折会难以接受。

不和优秀的人做比较，不和家长认为的“好孩子”玩。

情绪低落，总认为自己不行，否定自己的努力，没有完成老师或家长交代的事情会自责，觉得自己没用。

特别在意家长的表扬，如果没获得期待已久的赞许，会难过流泪。

在意别人的评价，外界的批评会影响他的心情，整个人表现得忧心忡忡。

上台表演或与人交流时会突然口吃，表达停顿、卡壳。

敏感怕生，不愿意交朋友，习惯躲在家长身后。

如果高敏感儿童出现以上行为，那么家长朋友们就该注意了，你家的小朋友有可能正被自卑困扰。

奥地利心理学家阿尔弗雷德·阿德勒在《自卑与超越》中写到："不管有无器官缺陷，儿童的自卑感是普遍存在的。"

阿德勒认为儿童之所以会产生自卑感是因为他们太小，需要依附于父母去生活，所以一举一动都受到大人的控制。

家庭和父母是儿童产生自卑感的主要原因。

家庭的环境氛围很重要。有一种父母属于独断专制型，孩子的一切都要掌控在手中。小到吃穿住行，大到兴趣班、报考的学校、选择的专业，甚至还要将手伸到孩子恋爱对象、结婚配偶的选择上。只要是孩子的事，都要插手干预，让孩子以他们的意志为转移，完全忽略孩子内心的感受和想法。在这种家庭环境下，高敏感的孩子会更敏感自卑。他们没有自主选择权，也没有独立做事的经验，感觉自己不过是父母手上的牵线木偶，一旦离开父母就连最简单的事情都做不好。

还有一种父母是酷爱比较型，也就是传说中"别人家孩子"的宣传者。他们最喜欢做比较，捧高别人家孩子的同时贬低自己家的孩子，还美其名曰：孩子不能夸，夸了会上天。孩子某科考了100分不夸，嚷着谁谁家的孩子三科都是100分。孩子考试进步了60分，还要和别人家进步了160分的孩子相比较。口头禅永远是"你看那谁家的小谁"，与孩子交流的主要目的就是打击他。在这种家庭教育下成长的孩子极度缺乏自信心，因为他们无论怎样都会被批评，自卑感也就越来越强烈。

除去家庭因素，高敏感儿童本身敏锐的洞察力和感知能力也是他们容易自卑的原因。

不可否认，有些在精神层面"皮糙肉厚"的孩子是存在的，无论家长和老师如何打击、如何比较或使用激将法，他们都无动于衷，依旧我行我素。挨了一顿批评还能立刻拿球跑到操场玩。不得不说，这样的孩子天生就是开心果，对负面情绪的感知比较弱，大脑也不接收坏情绪，什么都影响不了他们玩的心情。这样的孩子恣意生长，非常快乐。

但高敏感孩子就不行，他们对情绪的接收能力太强，稍有风吹草动就能感知到，并且会深度处理，应激反应强烈。所以面对他人的批评、外界的看法以及自己的压力，他们会更容易产生自卑心理。

阿德勒认为："当儿童利用自卑感作为借口逃避任务时，他们便会出现神经方面的问题。如果这种自卑感在今后的生活中延续，便会形成自卑情结。"

英国心理学家哈德菲尔德也说过："人在自信的情况下，可以把自己的潜力发挥到500%以上；而自卑的人往往只能发挥自己潜力的30%。"

"自卑情结"会产生负面的影响是毋庸置疑的，不利于儿童的成长和发展。那么应该如何帮助高敏感孩子走出自卑的心理呢？

第一，鼓励和支持。自卑的孩子普遍缺乏自信心，做什么事情都不认为自己能做好，往往容易退缩、停滞不前。这个时候家长和老师就需要做孩子背后的手，用"鼓励之手"去推孩子一把，给他们信心，并且相信和支持他们。

阿德勒出生在奥地利维也纳的商人家里，家庭美满，但他却觉得不快乐并且感到自卑。因为他的哥哥很优秀，活泼可爱讨人喜欢，可是他认为自己很丑，身体缺陷造成了行动上的不便。而他最后能够从自卑中解脱出来，并成为著名的心理学家，很大程度是受到父亲的影响。阿德勒的父亲很喜欢他，常常鼓励他说："阿德勒，你不能害怕任何事情。"父亲的鼓励对阿德勒影响深远，产生了积极的效果，他做事渐渐有了勇气和决心，自信心也在不断提升。

鼓励和赞许很重要。在孩子做事前，多说一些提高孩子自信心的话，他们会感知到，还会有意想不到的收获。除了外界的支持和鼓励，让孩子学会自我激励也同样重要。比如在演讲前默默对自己说：“我能行，不要紧张，相信我一定能完成。”

第二，独立和放手。在保证孩子安全的前提下培养其独立意识。可以从小事开始，比如在自助餐厅，让孩子自己去跟服务员要一双筷子；让孩子自己选择一件喜欢的衣服或者一个玩具。当孩子大一些时，可以让他独自一个人去学校，主动去和同学玩；邀请好朋友来家里做客，让孩子充当一天的小主人。在日常的生活和学习中培养孩子独立的意识。

作家龙应台在《目送》中写道：“所谓父女母子一场，只不过意味着，你和他的缘分就是今生今世不断目送他的背影渐行渐远。你站立在小路这端，看着他逐渐消失在小路转弯的地方，而且，他用背影默默告诉你：不必追。”

家长要管控自己的行为，既要陪伴孩子成长、干预和帮助他们，也要警惕过度干预，不要把孩子的事情一手包办。要学会放手，让孩子积极面对自己的人生，不要害怕失败和挫折。

第三，认识和接纳。让孩子正确认识自己的行为，并且接纳独一无二的自己。高敏感儿童在面对外界的否定和批评时容易陷入情绪低落的状态，这个时候要让他们正确认识自己的行为，不要人云亦云地自我贬低，要相信自己的能力。比如孩子不爱交朋友，被人评价内向，因此自卑。那么要告诉他，不喜欢交际是一件太过正常的事，不要因为外界的声音而怀疑自己。

事实上很多人都有内向的苗头，可一旦被别人指出来，就会很生气，“内向”仿佛成了一个贬义词。但实际上内向只是一种行为态度，学会接受自己的一切，才能感受到外界的快乐。

要让孩子知道，我们都是天空中的一朵云，可以恣意生长。每一朵云都是独一无二的，我们都是身边人的宝贝，也是自己心中的宝贝，要爱自己心中的小云朵。或许云朵中有杂质，有灰尘，有缝隙，但那就是我们呀！

学着接纳和欣赏完整的自己，不怕雷鸣和闪电，信心满满，勇往直前，翱翔在无边无际的天空中。

孩子情绪化应该如何去引导

情绪是儿童内心世界的反应，是一种心理活动，通过语言、动作和神态表现出来。高敏感儿童在受到外界情感刺激后会做出不同的反应，绝大多数内向型儿童倾向于沉默、悲伤、生闷气。有些敏感的孩子需要用大吼大叫等容易引起家长注意的行为来发泄情绪，他们看起来很愤怒，让人感觉难以接近。

敏感的孩子有时会很矛盾。他们在情绪化时，会渴望身边的人靠过来安慰他，却又觉得不好意思，会不由自主地加大说话音量或加重语气让人远离自己。

就像刺猬，明明内心是柔软的，但外面布满坚硬的刺。他们生而敏感，想要用刺来武装自己，给自己安全感，通过自我保护来确保不受伤害。

幼儿园里，一个小朋友哭往往会引起一群小朋友哭。可能到最后都不知道哭的原因是什么，别人都哭，有点害怕，那就跟着哭出来。哭其实是情绪发泄的一种方法，可以适当缓解负面情绪带来的压力。

很多家长担心孩子出现情绪化的行为：哭闹不止、消沉低落、大吼大叫、生气愤怒……每当孩子情绪苗头不对都会有如临大敌的感觉。其实情绪化本身并不需要担心，七情六欲原本就是人之常情，让孩子以合适的方式发泄出来就可以，孩子的情绪化有没有得到及时疏导才是问题所在。情绪化引发的问题是很棘手的，家长要预防，也要及时发现，否则问题会一直存在，会给孩子留下阴影。

情绪化问题没有及时得到关注和处理时，敏感的孩子会胡思乱想、自我怀疑。比如家里有两个孩子，高敏感的是姐姐，一般的孩子是弟弟。朋友送来一块蛋糕，妈妈拿给弟弟吃了，姐姐没有吃到。妈妈没给姐姐吃是因为她有龋齿，但妈妈没说，孩子并不知道。由于天性使然，高敏感的姐姐会从“蛋糕”这件小事引申到“妈妈是否爱我”的大问题上。她会伤心难过、偷偷流眼泪，同时也会嫉妒吃到蛋糕的弟弟。她可能会趁大人不注意偷偷将弟弟推倒，也可能故意不跟弟弟说话，又或者大吼大叫。

瞧，敏感的孩子也很可怜，一系列的猜想让她认为爸爸妈妈不爱自己，而弟弟得到了全部的爱。如果这个时候父母没有及时发现她的情绪化问题，她极有可能会产生更严重的心理问题，甚至将怒气发泄到弟弟身上，最后彻底失去手足之情。但事实上弟弟很爱姐姐，姐姐哭时，弟弟会帮她擦眼泪，会跑过去抱住她。

儿童情绪化会带来很多问题，首当其冲就是影响心理健康，父母的及时发现尤为重要。而发现之后就是如何开导了。

第一，让敏感的孩子学会转化情绪。消极情绪产生时，可以暂时忽视它，多感知一些积极的情绪。父母要给高敏感的孩子提供良好的环境，善于用鼓励来增强孩子的信心，让孩子有一个乐观的心境，这样遇到任何事都能积极地应对。

当孩子生气、不高兴、对人发脾气时，要教孩子理清自己的坏情绪，知道自己为什么生气，然后如何缓解这种愤怒感。告诉孩子发生了什么不重要，怎么解决才是关键。问题解决了，负面情绪自然就消散了。

第二，让孩子心胸开阔，学会宽容待人，不要让愤怒的情绪控制自己的行为。有些高敏感的孩子会生闷气，朋友拿了他心爱的玩具，他会哭着发誓再也不和朋友玩了，然后一个人默默地生朋友的气。这个时候需要家长及时发现孩子的“怪异”行为，比如平常一起玩的朋友突然不再一起玩了；平时提到某个朋友，孩子会情绪高涨，而现在竟然表现得闷闷的，提不起兴致。这时家长要意识到，孩子之间可能存在矛盾了，负面情绪没有走，它变成了生气、嫉妒或怨恨，隐藏在心里发酵。

此时家长需要引导孩子走出内心的纠结，找到矛盾的根源。做错的一方需要道歉，而另一方则要有宽容的态度。孩子学习道歉和原谅的同时也是在学习宽容和珍惜。

第三，批评要恰到好处，不要让敏感的孩子感到恐惧。强势或简单粗暴的批评会使敏感的孩子产生逆反心理，父母用这种方式进行批评和教育非但不能走进他们的心，反而会让他们将自己缩在套子里。批评要温和，不要不耐烦，更不要武断专横。

敏感的孩子会更注重别人对自己的看法，带有情绪的批评不仅产生不了任何效果，还会让他们陷入更恶劣的情绪中，甚至产生恨意。恨批评他的人，恨周围的一切，也恨他自己。对于高敏感的孩子，恰到好处的批评才会起作用。批评对他们来说代表的是“看重”，他们会渴望老师的“批评”，这些孩子在被老师批评后往往会更加努力，学习成绩也会有所提升。

批评过后要密切关注孩子的情绪，必要的安抚也是很重要的。

第四，让敏感的孩子感知到父母对他的尊重，让孩子内心的声音能够被倾听。沟通很重要，敏感孩子的情绪化问题切忌冷处理，这会增加孩子的心理负担，让他们更加胡思乱想。及时有效的沟通可以让孩子知道父母的想法，父母同时也要倾听孩子的意见，将孩子当成家庭里的一员，给他们充分的尊重。

现在的家长在孩子教育中的投资占比越来越大，除了文化课和课外辅导班，艺术类课程也种类繁多，通常一个孩子至少上过三种艺术课，家长美其名曰是培养孩子的兴趣和爱好，但其实很大程度上，这些兴趣和爱好都是家长选的，是他们感兴趣的，或者是认为对孩子有用的。舞蹈、绘画、乐器、编程、跆拳道……孩子的业余时间被各种课外班安排得满满当当，真可谓现代版的不负韶华。可孩子真的开心吗？他们敏感的小心思能得到照顾吗？不反抗就是愿意吗？

父母不要将自己的思想强加在孩子身上，要学会尊重孩子的兴趣爱好，如果孩子拒绝任何艺术类的课外班，那么就让孩子学习他们感兴趣的东西，这能减少很多负面情绪。

最后，接纳孩子的情绪化。让敏感的孩子认清自己，遇到问题冷静处理，不要随意发脾气，教孩子用适合自己的方法去发泄负面情绪。

下面列举几个实用方法供家长参考。

第一，转移注意力法。

敏感的孩子生气时不要让他独处，帮助他用转移注意力的方法来缓解情绪。比如孩子大哭时，他会沉浸在伤心的情绪中，家长可以给他拿一个喜欢的玩具，或者抱他去看窗外的风景，用声音或物体转移孩子的注意力。当孩子大一些时，家长可以教孩子自己疏通坏情绪，当感觉到生气、伤心、嫉妒时，可以将视线转移到其他事情上，读绘本、收拾玩具、洗自己的袜子，总之让他有事可做。先从坏情绪中走出来，然后再去思考问题如何解决。

第二，体育运动法。

运动可以产生积极的情绪，也可以锻炼孩子坚忍的意志。让孩子从小养成爱运动的好习惯，可以每天带孩子出去散步、跑步、骑单车、踢足球、打羽毛球等，不仅可以锻炼身体，还可以增进亲子关系。

第三，自我倾诉法。

锻炼孩子的思维，让孩子说出自己的想法，把坏情绪描述出来，家长在一旁分享他们的感受，然后教他们用合适的方法解决。这一步能帮助孩子建立一个处理负面情绪的模式：先把情绪说出来，然后分析情绪产生的原因，最后解决它。

第四，再试一次法。

敏感的孩子容易产生自卑心理，在不能完成某事或失败后，他们会自我否定，认为自己不行。不如让孩子再做一次，让他们再给自己一次机会。家长可以从旁引导，提醒他们吸取上次的经验和教训，增强孩子的信心，鼓励孩子再试一次。

为什么妈妈在反而不乖

很多宝妈抱怨孩子难带，只要一回家，没到十分钟孩子就会又哭又闹。更让宝妈难过的是身边人的指责，明明他们看着时宝宝很乖很懂事，怎么妈妈回来反而不乖了？一定是妈妈有哪里没做好。

的确有些高敏感的孩子会“窝里横”，这些孩子在学校或者亲戚家都表现得很好，不哭不闹，是安静的乖宝宝。可是回家看到妈妈后就变成了另一个样子，他们大声哭闹，对妈妈耍脾气，这也不好那也不对，完全就是一个“混世魔王”，让妈妈苦不堪言。

这些孩子其实是在用哭闹来发泄情绪。当他们面对外部的指责或评价时，他们不敢反驳，但他们不喜欢，只能把坏情绪憋在心里。他们也生气，回到家看到亲近的人，特别是妈妈，才会将情绪发泄出来。他们没有别的办法发泄负面情绪，只能用哭和闹来告诉妈妈：我不舒服，我被欺负了，我好难过，妈妈快来抱抱我安慰一下。

有些孩子也会欺负妈妈，肆无忌惮地说一些伤人的话。面对妈妈他们不胆小了，也敢反驳了，因为他们知道无论怎样妈妈都不会离开，也不会生气，妈妈会一直爱他们。

这也就印证了那句歌词：“被偏爱的永远都有恃无恐。”

打个比方，高敏感的孩子有七成是内向型。他们知道自己内向，但有一部分孩子不喜欢被别人评价内向，因为他们认为“内向”这个词含有贬义成分。

当学校里有人对他说“你可真内向”时，虽然说话的人是无心的，但听到这句的孩子会很不高兴，他会在心里反驳一句“你才内向”。但他胆子小，不敢说出来，只能在别人的嬉笑中默默离开。然而事情并没有过去，他把难受、不舒服、憋屈等负能量积攒在心底，想要发泄出去。可怎么发泄呢？他们清楚地知道外面“不安全”，环境条件也不允许，他们需要在一个安全的环境下才能放肆地发泄。那么哪里最安全呢？对了，是家里。对于高敏感的孩子来说，家里最安全，尤其是妈妈在的时候。于是他们将外面带回来的坏情绪全都发泄在妈妈身上。

那么问题来了，当孩子出现上述行为时，妈妈该怎么办呢？

很明显上述的负面情绪发泄法是错误的，妈妈果断的做法是见一次，“打”一次。当然不是真的打孩子，而是打开孩子负面情绪发泄的阀门。

首先对汹涌而来的负面情绪进行安抚，让孩子平复心情，停止哭闹。然后通过引导诉说，让孩子主动说出自己为什么哭闹，也可以转移注意力，将孩子的视线转移到他感兴趣的地方，再慢慢解开心结。

还是上述案例，孩子不喜欢被说成“内向”，那么就让孩子举例，把自己“不内向”的证据列出来。如果他可以成功举例，就让他按照列举的事实去做。

他可能会写喜欢和小朋友玩乐高，一起吃冰激凌会笑，喜欢到外面玩，等等。也许慢慢地他就会变得不那么内向，也愿意朝外向型发展了。假设孩子没有列举出他不内向的事实，那么索性告诉孩子他就是一个内向的人，这很正常，没有什么值得遮掩的，下次如果还有小朋友说，那就光明正大地告诉所有人："是的，我性格内向，那又怎么样呢？"

此外还有一种情况会造成"窝里横"，孩子见到妈妈反而不乖，有可能是为了吸引妈妈的注意力。他们需要陪伴和关怀，需要妈妈给予的爱和安全感。

如果是这种情况那么各位宝妈就要反思了，是不是自己太过忙碌忽视了孩子的成长，让他们产生了焦虑和不安的情绪。

朋友小旭因为单位的事忙得焦头烂额，有时还要将工作带回家。最近每当她开始工作，女儿就会时不时出现在她面前，并且会因为一点小事而大声哭泣。衣服被火龙果染红、积木倒了、洋娃娃的胳膊坏了、不小心跌倒了……这些都能让女儿哭上很久。小旭感到很奇怪，以前女儿跟着自己的时候明明从来不哭的。

后来小旭跟女儿聊天，鼓励她说出哭闹的原因。女儿说是因为想妈妈，想要妈妈陪。小旭才恍然大悟，原来是自己忽略了女儿的感受，陪伴女儿的时间少了，对她的关心也少了，敏感的女儿感觉到了不安。

前文提到的有关高敏感孩子"窝里横"的情况，是别人无意识的话语或动作对他们产生的影响。那如果遇上别人有意识的欺负呢？他们遇到校园欺凌时该怎么办呢？

高敏感的孩子大多善良，他们或许会自己承担过错，认为别的同学欺负他的原因出在他自己身上。就像在家里，父母当着孩子的面吵架，孩子会认为一定是他做错了什么，惹得父母不高兴，导致发生争吵。

校园欺凌的攻击方也是问题小孩。他们或许与"窝里横"相反，在妈妈面前很懂事，装作乖宝宝，可到了校园里就去欺负同学。他们会选择班级里最不起眼的、看起来很弱的同学当作欺凌的对象。其实他们是在将坏情绪发泄到同学身上。

无论怎样，欺凌和暴力都是不对的，要做出反抗。特别是高敏感孩子，要从小培养他们自我保护的意识，任何欺凌都是不可忍受的，要第一时间告诉父母。同时我们也要关注孩子的心态变化，一旦出现反常的行为，就需要及时了解孩子在学校的情况，做出解决措施，不要让孩子觉得孤立无援、没有出路。

高敏感孩子的情绪问题不容忽视，要引导他们正确地发泄负面情绪，不要把坏情绪都堆积起来，要定时疏通情绪的经络，保证身心健康。

情商要从娃娃抓起

在教养孩子的过程中，很多家长都要面对这样的难题：孩子注意力不集中，上课走神儿，会不自觉地离开座位在教室里溜达；情绪波动很大，一遇到不顺心的事就会生气，耍小性子，甚至在公共场所号啕大哭；经常因和同学打架被请家长；心理脆弱经不起事儿，遇到难题和挫折就不高兴，不知道怎么解决；一切都听父母的，没有独立思考和决定的能力……

这些都是儿童低情商的表现。不管是一般儿童还是高敏感儿童，都会被情商问题困扰，只是高敏感儿童的教养难度要比一般儿童大很多。

现在的家长越来越重视孩子的教育。胎教、早教、兴趣班、课外补习轮番上阵，家长们拼尽全力，似乎都怕孩子输在起跑线上。

小L在孩子五个月时就教他怎么跟小朋友打招呼，先用家里的玩具熊陪宝宝练习，然后带她出去晒太阳时，跟小区里其他小朋友打招呼，说是要理论与实践结合。很多家长认为孩子这么小，哪里会懂呢？

其实婴儿在五个月时已经能感知到外界的信息了，育儿专家也说过，想要孩子说话早，就要尽早给孩子搭建语言环境。朋友小A平时话就少，认为孩子到了该说话的时候自然会说，结果她的孩子比同龄的孩子晚半年才开口说话。

高敏感孩子的接收能力更强，他们也许内向，但只要给他们构建良好的生活和学习环境，有意识地培养他们的兴趣爱好，他们往往会表现得更优异。

朋友W的孩子具有高敏感特质，有一天回来大哭，因为自己最喜欢的玩具被别的小朋友抢走了，奶奶没有及时安慰，反而在很多人面前批评她不懂得分享，她觉得太丢脸了。

大人喜欢当众指责孩子，认为这样孩子会长记性，殊不知这会伤害到孩子敏感的心，让他们觉得自己不被尊重。很多家长不会低调批评孩子，也没有耐心跟孩子解释，其实大人的这种行为也是一种低情商的表现，孩子是有可能复制家长的行为模式的，他们的模仿能力太强了。这也就是为什么说低情商具有可复制性，孩子往往是大人的镜子，大人怎么处理负面情绪，孩子会依法炮制。

心理学家约翰·戈特曼在他的著作《培养高情商的孩子：让孩子受用一生的情绪管理法》中提出，情商就是一个人的品质，包括情绪管理、意志力、行为习惯、面对挫折和困难时的反应等。情商关系到一个人未来的发展，是取得成就和幸福的关键。

其实生活中80%的事情都可以依靠情商能力去解决，智商只占据一个人成功的一小部分，而情商却占据了绝大部分。提高情商应该从娃娃抓起。

从小培养高情商的孩子，我们应该怎么做呢？

首先，高敏感儿童的情商第一课应该从家庭教育开始。

美国著名心理学家丹尼尔·葛尔曼认为，相比高智商的人，高情商的人更容易获得成功。葛尔曼提出家庭是儿童情商学习的第一所学校，家庭教育是情商培养的摇篮。

家长在培养孩子情商的同时，也要专注于提高自身的情商和教育水平，这样才能在生活的细节中帮助孩子培养情商能力。孩子低情商的表现大多有：自控力不强，缺乏专注力，性格孤僻不合群，没有集体意识，娇生惯养，没有同情心，责任心差，不爱帮助人，不自信，没有决断能力等。要想帮助孩子走出低情商的深谷，就需要细心培养，一步一步耐心地等待孩子蜕变。

家长要有意识地提高孩子的专注力。在孩子专心玩玩具、读书、拼图、聚精会神看蚂蚁时，只要孩子不提出问题，家长就不要打扰。因为儿童在认真做事时，大脑是高速运转的，不打断他不仅能开发大脑，还有利于培养专注力。

家长还要告诉孩子规则的重要性，且大人和孩子要一起遵守，这样能建立彼此的信任感，将来孩子上学时也会注重规则，就不会出现上课时四处走动的情况了。

其实很多教育都是在家长的潜移默化下完成的，父母的言传身教是孩子最好的老师，孩子接受起来不会有抵触感，反而会让他们的记忆深刻，效果自然也更强一些。

其次，在儿童的不同时期转变情商课的培养重点，改变情商培养的方法，同时关注高敏感孩子的接受程度。

婴儿时期：注重感知与回应。

刚出生的婴儿由于神经没有完全发育，容易出现惊跳反应，从睡梦中惊醒就会大哭，所以抱抱和轻声安抚很重要，也有利于安全感的培养。回应指的是婴儿哭了要抱，饿了要喂，害怕了要哄。父母要在长时间的喂养过程中了解宝宝的习惯和规律，观察与感知他们的情绪，然后做出相呼应的动作，让宝宝知道自己是被关注的，让他们体会到最初的情感交流。

这个时期高敏感的孩子往往表现得很“难养”。他们通常感官敏锐，听觉敏感的宝宝会被声音吵醒；触觉敏感的宝宝会感觉衣服和被褥不舒服，他们往往会哭得家长无从入手。这个时候家长要静下心来，摸清宝宝哭的原因，然后把敏感点逐一排除。

婴儿时期的宝宝也需要培养情商，他们可以通过面部表情表达自己的感受。等孩子咿呀学语时，周边的人要及时回应。先从模仿大人说话开始练习，在学说话的同时锻炼交往能力。用简单的对话培养他们的社交兴趣，避免孩子孤僻和不合群。比如早上遇到小朋友需要说什么呀？要说“早上好”。奶奶给宝宝喂了水需要说什么呀？要记得说“谢谢”。

幼童时期：教会分享与感恩。

孩子三岁之后就可以锻炼交往能力了，高敏感的孩子对外界的感知比较细腻，可以预先培养他们的交际技巧，鼓励他们多和同龄的孩子一起学习、看绘本、做游戏。学会和好朋友分享食物、玩具，也可以分享开心或悲伤的事。伙伴之间要互相鼓励和帮助，增强他们的责任感。

对内向的高敏感孩子更要多一些耐心。这个时候的孩子对周围的人和事都有了自己的看法，要尊重他们的选择，不要用命令的语气要求他们做事，家长要学会引导他们说出自己的意见和想法。

青少年时期：侧重沟通和倾听。

这个时期的孩子对情绪的感知已经很成熟了，他们可以控制自己的行为，但也会受外界的影响而进入误区，家长和老师需要多注意与他们沟通交流。

进入青春期的孩子会出现叛逆心理，敏感的孩子接收的信息多了，会造成他们的困扰，不及时处理就会憋在心底发酵，导致负面情绪占据上风。这个时候家长需要转变思维，不要试图将孩子的一切掌控在手里，鼓励孩子自己调整心态，让他们有机会自己做决定，独立解决问题。家长应侧重倾听而不是下命令，要以孩子接受的方式与他们相处。

最后，耐心等待。不要急于求成，给高敏感的孩子多一些时间去处理情商问题。重视孩子的情绪管理，找到合适的方法帮助他们合理利用共情力。

共情力是高敏感孩子与生俱来的能力，合理发挥共情力的作用，能帮助他们处理好自己的人际关系。同时家长也要细心观察，争取和孩子达到情感上的共鸣。让孩子学会换位思考，站在对方的角度考虑问题，给自己一个了解他人的机会，从而达到情商培养的最佳效果。

受到鼓励的孩子更加自信和勇敢

心理学上有个著名的标签效应，指的是当一个人被贴上某种标签时，被贴上标签的人潜意识里会对自己进行自我印象管理，会让自己的行为倾向于标签上的内容。

下面就让我们一起来看一下标签效应产生的影响吧。

第二次世界大战期间，美国需要大批量能够冲锋陷阵的军人，但新招募的士兵当中有一部分胆小懦弱、行为不端、纪律涣散且不服从上级指挥。心理学家将这些新兵聚集起来做了一个实验：让他们按要求写信。信的内容是由心理学家拟定好的，上面写了新兵们在战争中如何英勇善战、听从指挥，在军队里如何遵守纪律、努力提升自己，还有因为勇猛顽强、在前线杀敌，获得多少军功章等内容。新兵们只需要将信的内容一一抄录下来，然后邮寄给他们的家人。没想到半年后，这些士兵竟然真的按照信中的内容去做了，并且非常努力。

美国著名心理学家贝科尔曾说过："人们一旦被贴上某种标签，就会成为标签所标定的人。"

对于这些新兵来说，信中所写的内容就是一种标签，被贴上这种标签后，他们会按照标签上的内容去表现，这就相当于是一种自我心理暗示，接收的暗示多了，累积到一定程度就会发生质变，结果就是他们真的按照信中的内容遵守纪律、在前线英勇战斗。

"你太敏感了。"

"这孩子真内向。"

"这小孩胆子真小，不爱说话，见到人就躲。"

在现实生活中，高敏感儿童总是被贴上这样的标签。很多时候高敏感儿童的行为得不到重视，父母也没有对其进行正确的认知和引导，再加上社会的误解和偏见，这些孩子最后真的变成了标签上的样子。

"你对色彩的搭配很有天赋，是天生会画画的孩子。"

"你真棒，这么细微的变化都被你看到了。"

"孩子你太厉害了，我为你感到骄傲。"

"妈妈支持你，继续加油哦！"

如果孩子被贴上的都是这样的标签，那么他们就会朝着积极的方向前进。这些鼓励和赞扬的话就像是推进器，可以将孩子潜在的能力发掘出来，让他们正确认知自己的高敏感行为，并且对自己充满信心。

朋友小雯的社交恐惧症越来越严重了，只要一走出家门，她就会心跳加快手脚冰凉，还会冒冷汗，只有家里的几十平方米才是能让她感到舒适的环境。

小雯属于高敏感人群，小时候就很内向，看到亲戚不会主动打招呼，遇见邻居也只会低着头走。而且她内心敏感，别人的只言片语都会影响到她的心情，老师不经意的一句话会让她冥思苦想好几天。她对声音也很敏感，经常被汽车行驶的声音吵醒。渐渐地，亲戚和邻居会当着小雯和她妈妈的面说：“小雯太内向了，见到人也不说话。”许多亲戚为了找话题，不止一次谈论小雯的行为，还乐此不疲地给小雯贴标签：胆子小，不合群，内向害羞，太敏感。

小雯受伤了，她觉得没有人理解自己。她不打招呼是因为亲戚太多认不过来，不交朋友是因为她想学习，不想把时间浪费掉，她觉得交朋友不如读书有意思。敏感也不是她的错，她就是能够感受到别人的情绪。她控制不住自己的想法，事情总是盘旋在脑海里。她很想告诉妈妈，但妈妈也不理解她，同样认为她敏感胆小、不合群，甚至怀疑她得了自闭症。

忽视和误解让小雯的敏感行为加重了，慢慢地她越来越像亲戚和邻居说的那样“内向胆小不爱说话”了，并且对社交活动也越来越恐惧，最后连正常社交都不想参与了，毕业后整日在家靠写文章赚钱来维持生计。

小雯从小就背负着“标签”的压力，听到的话是充满负能量的，高敏感行为也没有得到父母的引导，这些都形成了消极的暗示，没有对她的成长起到正面作用。

高敏感儿童对外界信息的接收能力比一般孩子要强，当身边的人传达的都是负面信息，例如“你真是太笨了”“你怎么这么敏感”“这孩子性格太孤僻”，等等，时间久了，高敏感孩子就会陷入自我怀疑，会想“我真的是这样吗”。当所有人都给他贴上负面的标签，那么这种标签效应就会让孩子做出相应的自我印象管理，真的越来越笨、越来越敏感。如果他们能受到鼓励和赞扬，被贴上积极向上的标签，那么他们就能受到正向的标签效应的影响。

鼓励和赞扬对高敏感孩子来说就像冬日暖阳，可以照亮孩子敏感的心。多给孩子一些激励，他们会按照这种积极的心理暗示去努力，一点一点地成长起来。

肖刚的孩子也属于高敏感儿童，是一个很爱哭的男孩子，经常被学校的同学说是“爱哭鬼，跟个女孩子似的。”小男孩性格内向，只会回到家里生闷气。肖刚了解情况后与孩子进行了一次沟通，引导他说出自己的想法。

小男孩说：“同学们总这样说，我越来越讨厌自己。”

消极的暗示和标签会使人产生自卑心理，肖刚的孩子此时就进入了自我怀疑的阶段，并且开始产生厌恶自己的心理。长此以往他的自信心会受到侵蚀，性格也会变得越来越内向。

肖刚没有忽视孩子的感受，他选择积极应对。肖刚先和孩子一起分析了为什么总是哭的问题，然后告诉孩子情绪敏感也是一种正常行为，这样的孩子对外界的感受更深刻，就像一种特殊功能。

他对孩子说：“从今天起，你就是咱们家的小男子汉了，在学校要继续帮助其他有需要的同学，自信一点，要勇敢，你可以的。”

除了语言鼓励，肖刚还自创了动作让孩子进行自我激励。他将右手紧握成拳，然后举到胸前小幅度上下一挥，并且说：“我可以！我能行！”小男孩也跟着他做起了相同的动作。之后很长一段时间，肖刚都会用鼓励和赞扬的语言去支持孩子。三个月后，孩子的状态发生了天翻地覆的改变，哭的次数少了，在学校也交到了好朋友，再也没有同学说他闲话了。

鼓励就是一种贴上积极标签的行为，受到鼓励的孩子会提高自我意识，潜意识里认定自己会成为家长期许的样子，并且行动会偏向于积极向上的方向。孩子的精力也会越来越充沛，有利于提升他们的自信心。

学校的教育也会强调这一点，给孩子积极的充满正能量的标签，对孩子要多一些表扬、少一些批评。对于高敏感的孩子来说，课堂上老师一个鼓励的眼神、一句赞美的话，都能转化成他们学习的动力。

第一位登上月球的人类宇航员阿姆斯特朗小时候喜欢幻想，经常在院子里跳上跳下，说自己要跳到月球上。他的母亲没有打击他的积极性，反而给了他很多鼓励和支持，告诉他到了月球后记得要回家。

阿姆斯特朗无疑是幸运的。积极的鼓励是孩子走向成功的阶梯，家长要学会利用这个阶梯，引导孩子向上成长。

第七章

如何消除高敏感儿童的社交恐惧

培养同一种兴趣和爱好

畅销书《小王子》的序言中有这样一段话："人类最深的情感，从最大的喜悦到最深刻的痛苦，都来源于关系。生命的本质就是在关系中寻找自己，并成为真正的自己；在关系中寻找爱，并成为爱。这是生命最高的目标，也是最大的收获。"

友谊或许是一种奢侈品，但也是人类生活的必需品，每个人都需要有朋友，孩子也不例外。敏感的孩子对友谊的渴望不比其他孩子少，有时还会更加珍惜。

有一个现象很奇怪，相信大家都经历过。我们与父母朝夕相处，有些秘密或事情却不会和他们讲，但是会去和好朋友分享。有这样一种说法："朋友是你选择的没有血缘关系的家人。"就像我身边很多女性朋友，她们跟闺蜜说的话要比跟父母多很多，用相见恨晚来形容最恰当。但当我们为人父母时，却又渴望和孩子成为朋友，彼此分享秘密和心情。这似乎是一个矛盾的存在。

真正触及心灵的友情，可以说是一种没有血缘关系的亲情。与他人维持友谊关系，对人来说是很重要的。

父母是孩子最初接触的人，是婴儿的第一个朋友，孩子与父母的友谊将会对他们未来的人际关系产生深远的影响。可以说父母为孩子建立友谊的桥梁打下了基础。

因此从孩子出生开始，父母就应该有意识地关注孩子的交往能力，尤其是高敏感的孩子，让他们带着信心去交朋友，不要放大和否定自己的敏感行为，找到交朋友的乐趣，收获真正属于自己的友谊。

同小区业主群里发出这样一条“求助信”，上面写着：“我是本小区3号楼2单元XX室的嘉嘉妈妈，我家宝宝五岁了，最近好像患上了社交恐惧症，不愿意出门，也拒绝去幼儿园，认为小朋友都不喜欢她，都不想和她交朋友。她现在只想自己一个人在家玩，我们一说带她出去，她就哭闹不止。各位家长有遇到过这种情况吗？我实在不知道该怎么办了，请求大家帮帮我。”

嘉嘉属于外向型的高敏感儿童，还是个有完美主义倾向的小朋友，对自己的要求很高。吃饭时如果不小心将菜汤滴在饭桌或衣服上，会要求立即擦桌子或换一套干净的衣服。脸上被蚊子咬了一口肿了一个小红包，她觉得不好看，就拒绝去幼儿园。嘉嘉很在意别人对她的评价，当听到亲戚或邻居说她穿的衣服好看、夸她懂礼貌时，她就会开心好长时间。

嘉嘉希望幼儿园的小朋友都喜欢她、都和她玩。刚开始，她会带好多零食去幼儿园，然后把所有的零食都分给其他小朋友，告诉他们随便吃。她认为自己分享了食物给大家，大家就应该和她玩。但事情没有她想的那么美好，小朋友在吃完零食后就各自去玩了，根本没出现大家都围着她玩的场面。

后来她带了玩具去幼儿园，把新奇的东西分享给小朋友，他们一起玩时的确很好，可是新鲜劲儿过了，也不剩几个小朋友留在她身边。

敏感的嘉嘉心理出现了落差，这和她设想的不一样，小朋友们没有围着她转，而且她发现其他小朋友拿了零食到幼儿园时，他们没有主动把零食分给她，她觉得很委屈，认为他们都不喜欢自己。回家后越想越伤心，她怕小朋友不和她玩，索性不去幼儿园了。

嘉嘉这种情况很明显是有了初期的社交障碍。不敢出门，只要被父母带出去就会哭闹。因为她对交朋友这件事有了错误的理解，想要获得所有小朋友的喜欢，这是完美主义的理念在起作用。嘉嘉的父母想要嘉嘉重新喜欢上交朋友、参加社交活动，需要做到以下两点：

第一，要告诉嘉嘉，做事认真是好事，值得表扬，但不要太执着于追求完美。不完美才是真的完美，要正视生活中的困难，有解决难题的信心。同时也要积极面对自己的缺点，允许自己犯错误。改正错误并引以为戒，下次不再犯同样的错误就可以了。

第二，让嘉嘉知道，靠分享零食和玩具只能获得短时间的友谊。友谊需要维系，需要更进一步的交往。小朋友们可以通过零食或玩具建立初期的朋友关系，想要发展更深的友谊，就需要培养共同的兴趣和爱好。

嘉嘉妈妈为了帮助女儿重新产生交朋友的兴趣，尝试邀请与她玩过的小朋友到家里来。嘉嘉没有排斥，她们一起玩过家家，一起给布娃娃换衣服。但是当妈妈提出要出去时，嘉嘉还是拒绝，用哭来表示恐惧。嘉嘉妈妈费了好大劲才说服女儿出去吃饭，那是一家情景展示餐厅，家长和小孩不仅可以吃饭，还可以角色扮演、做游戏。在玩的过程中，嘉嘉“偶遇”了同一所幼儿园的小朋友，实际上两位家长早已提前约好，小朋友向嘉嘉表达了思念，嘉嘉很高兴，两个人又手牵手去玩了。

小孩子的思维很简单，不喜欢的事就不去做，家长需要在恰当的时机起引导作用。像嘉嘉妈妈，她借着那次出行告诉孩子，幼儿园里是有小朋友喜欢和她玩的，但想要所有小朋友都喜欢她，是不太可能的。如果想要建立长期稳定的朋友关系，就需要培养共同的兴趣和爱好，这样才会有共同语言，可以一直发展下去。

很多人认为孩子不懂，不能理解过于深入的道理，那么我们就在实践中证明，带着孩子去做，给他们做模范和榜样。

高敏感的孩子在社交活动中受到伤害或遇到困难时，会加深对负面信息的处理，也就是说会思考过多，会自责和内疚，反思自己为什么做得不好，把原因归结于自己身上。严重的有可能会产生自卑心理，不断否定自己，继而对社交活动产生抵触情绪，甚至出现社交障碍。这个时候家长要积极发挥主观能动性，观察孩子的行为，对他们进行适当的引导。当孩子建立起初期关系，家长就应该适时收手，让孩子们自由地建立友谊。

相信孩子，他们能用自己独特的方式收获友谊，我们要做的就是理解、支持和尊重。

在互相学习中共同成长

在社交活动中表现得积极主动，这对一个高敏感的孩子来说或许很难。他们有一个安全的社交心理范围，在他们认为的安全区域中进行社交会让他们感到舒适；如果有人超出了这个安全范围，他们就会感到不安。

打个比方，同样是生日派对，敏感的孩子更愿意参加人数少一点，相对来说安静些的。几个孩子说说话，拼拼乐高，看看绘本，在一个相对平稳的状态下进行，这对他们来说很享受。但如果生日派对人数众多，音响开得很大，环境过于嘈杂，那么敏感的孩子是会拒绝参加的。就算被迫参加了，这些“热闹”和“嘈杂”也会触碰到他的安全界限，他有可能在派对上躲进角落直到结束，或者干脆选择中途退出。

毫无疑问，不管是躲在角落还是中途退出，这两种行为在他人眼中都代表着不合群，会使高敏感孩子的社交活动产生障碍。

高敏感孩子的社交障碍主要来自两个方面。一方面是高敏感孩子身边的人。他们会因孩子的敏感行为而将他排除在外，谁都不会主动联系他参加社交活动。另一方面是高敏感孩子本身。在实际的社交活动中，如果他们的心理安全范围被打破，他们就会对类似的社交活动产生排斥心理，再严重一些就会“一刀切”，拒绝参加一切社交活动。而第一种情况会加速第二种状态的形成。

我们可以尝试换一种思维去应对这种社交恐惧心理。既然主动社交很难，那么我们就想办法曲线救国，采取被动方式——吸引力定律。

吸引力定律又叫吸引力法则，是指当一个人的思想集中在某一领域时，会吸引到跟这个领域相关的人、事、物。

小楠是一个内向与外向性格可以互相切换的孩子，在熟悉的朋友和家人面前她很外向，会主动跟朋友分享自己的学习方法和心得，和父母交流想法，在交谈中很开心，眼睛里透着光，像个小太阳一样欢乐自在。而在不熟悉的人或者亲戚面前，她又变得很内向，聚会时往往躲在角落里，除非有人去找，否则她会很没存在感，从不主动发言，也不想参与其中。

所以我们常常发现，人们会对同一个人有褒贬不一的评价。有人说小楠活泼开朗，善于开导别人，喜欢参加活动；也有人说小楠太内向了，总是躲在角落里默默无言。其实小楠的状态没有变，只是在陌生的场合中没有遇到和她同频的人，所以她才会展现出内向的性格。

提到同频，那就不得不再说一下共振。同频共振是个物理学上的概念，简单来讲就是每一种物质都有其固有的频率，当另外一种频率接近这种固有的频率时，它会产生更大的能量，振动效果也会增大。

这就是所谓的同频共振，同样它也适用于描述抽象的友谊。同频的人会相互吸引，而后会产生共振的效果，就像两个很要好的朋友，你会发现他们性格相似，做事契合度高。一对朋友如果一个内向一个外向，那他们两个人大概都会很累，友谊之路也走不长远。因为内向和外向本身就是不同频的，注定无法契合。

前文提到的小楠就是如此，在同频的人眼中，她热情开朗，能与人顺畅交谈与沟通。他们在互相学习中越来越熟悉，友谊也越来越深厚。

同频共振，同质相吸。这是吸引力定律最好的解释。

吸引力更像是宇宙中一种神秘的力量，它让同频同质的人或物聚集在一起，相互之间牵扯着某种力量，互相吸引，产生共鸣。物以类聚，人以群分，也是这个道理。

小楠虽然内向，不爱主动开展社交活动，但在学校里她用自己的方式吸引了几个好朋友。她们是同频的人，都喜欢看书、做奥数题，业余时间会一起讨论和交流，她们互相学习，也互相吸引，友谊的小船行驶得越来越稳。

吸引力法则可以被应用到生活当中，任何一段关系都讲究互相吸引，双方的闪光点吸引彼此靠近。友谊也是如此，朋友不是单方面的顺从，而是要有自己的想法与原则。

朋友小P回忆，她小时候很内向，在意别人的看法，只要身边的人提出要求，她就会无条件顺从，有时为了让对方满意还会违背自己的心意。她想要通过这种方式融入集体，可是在别人看来她完全没有主见，总是按照别人的要求去做，同学们都在背地里叫她“墙头草”，也没有人主动找她参加集体活动。

小P对于交朋友是存在疑惑的，她认为自己做得很好，付出了真心却没有交到合适的朋友，她感到很难过。后来小P妈妈察觉到小P对社交活动比较消极，了解情况后，妈妈给了她一些建议，要想建立深厚的友谊，就需要有吸引人的地方，等自己变得优秀了，与她同样优秀的人就会被吸引过来。

其实友谊也需要经营，朋友之间势均力敌才能走得更远，单方面的付出或顺从并不能长久维系这段关系。告诉敏感的孩子，与其委屈自己配合他人，不如提升自己，让自己变得更好，吸引与自己同频的人，然后学习对方优秀的地方，共同进步。

想要吸引同频的人，就需要修炼自己。孩子是什么样的人，他就会吸引什么样的人，所以要让孩子知道自我成长很重要。

如果高敏感的孩子抵触社交活动，那么不妨给他们报一个兴趣班，发挥他们的特长。例如对色彩敏感的孩子可以给他们报绘画班，班里的同学都是喜欢画画的，他们可以互相切磋，互相学习，在绘画中交到朋友，收获友谊。

给高敏感的孩子一个支点，让他们看到更美的风景，遇到与自己同频的朋友，拥抱更好的自己。

微笑是打开心扉的钥匙

法国作家雨果说过："笑，就是阳光，它能消除人脸上的冬色。"

微笑是一种无声的语言，可以拉近彼此的距离，是人与人之间最简单的社交方式。在社交活动中，微笑可以让人产生好感，使沟通和交流更有效率。

一个班级里有两个学习委员，一个笑意融融，说话时脸上总是挂着甜甜的笑，班里的同学都愿意和她一起玩；而另一个则常常板着脸，说话一板一眼，只会机械地复述老师安排的作业，同学们都不太亲近她，就连作业也更愿意交给那个爱笑的学习委员。

其实那个板着面孔的学习委员做事很认真，其他同学提出疑问或者遇到难题，她都会不辞辛苦地帮忙，只是性格内向、不太爱笑；此外她还有些敏感，和同学聊天时往往能感觉到对方不喜欢她，与人交流总是小心翼翼。

孩子的世界很干净，他们会根据直观的感受来评价一个人。判断一个人是否好相处，就看那个人的面部表情，笑容是最好的感情牌，好心情可以通过笑容来传递。

哈佛大学儿童发展中心的爱德华·特罗尼克博士做过一个“面无表情实验”。在实验中，先让妈妈和一岁左右的孩子玩，妈妈的表情生动，笑意盈盈地逗着孩子，孩子也很开心，手舞足蹈地回应妈妈。然后让这位妈妈保持面无表情两分钟，这期间无论孩子做什么都不和孩子互动。孩子很快意识到妈妈的表情变了，她开始不安，接着放声大哭。当妈妈的表情恢复，重新有了笑容，孩子才不再哭闹。

初为人母的闺蜜最近发现六个月大的宝宝跟她不亲了，她很焦虑，思来想去都找不到原因。后来她丈夫对她说：“你陪宝宝时不是板着脸就是皱着眉头，我跟你说话都要思考一会儿，怕你发脾气，更何况是宝宝呢？”丈夫说着把镜子递到了她面前。

闺蜜看到镜子里的自己吓了一跳，她将焦虑和不安都写在脸上，眉头紧锁，一副不开心的样子。她转向宝宝，宝宝的小眉头也皱了起来，露出不安和害怕的神情。于是闺蜜开始注意调整心情，用笑容面对宝宝，说话的语气也变得欢快，宝宝很快感受到了，开始咿咿呀呀地回应，小胖手朝她挥舞，小脸蛋上也有了笑容。

育婴专家发现婴儿2—3个月就会有笑容，5—6个月就能分辨身边人的表情。敏感的孩子更会注意身边人的表情变化，感受到他们的各种情绪。孩子对妈妈的依赖程度是别人无法比拟的，若妈妈在孩子面前总是很乐观，表现得很爱笑，那么妈妈的积极情绪就能感染到孩子，也会对孩子产生深远的影响。

表姐家的儿子小豪不爱笑，每次拍照时，周围的人都让他笑一笑，他会按照大人的要求去笑，但笑得不自然，照片一出来，亲戚就会取笑他，说他笑得好勉强。小豪很在意别人的评价，觉得自己笑时不好看，被人嘲笑很不开心，渐渐地就有些自卑，越发不敢笑了。他在学校几乎没有笑容，给人一种很高冷的感觉，同学都不敢靠近他，也不主动找他玩。

小豪的老师发现了这个问题，于是耐心地跟他沟通，得知他不笑的原因后，老师告诉他："每个人身上都有弱点，你要面对它，而不是逃避。老师觉得笑容只要真诚就好，发自真心的笑就是最美的。"

老师的话让小豪调整了自己的心态，脸上的笑容多了起来，也愿意主动加入团体，和同学一起踢足球。同学们看到小豪的改变，觉得他并没有那么难以接触，于是也愿意和他一起做游戏。从那以后，小豪对交朋友这件事不再抵触。

孩子不需要隐藏自己的感情，开心就笑，难过就哭。但不要让孩子进入"微笑误区"。所谓"微笑误区"，就是家长在日常生活中"训练"孩子，比如见到长辈，家长会说："看到长辈要微笑，主动打招呼。"遇到邻居阿姨，家长会说："快跟阿姨打招呼啊，笑得开心点。"这样有意识地培养，会让孩子产生误解，以为只要面对他人就需要笑。那不开心的时候，也要笑吗？

我曾经见过一个很懂礼貌的孩子，见到长辈会主动打招呼，可她的笑容很假，有种不符合年龄的成熟感。殊不知这样的笑容已经失去了原本的意义。

家长要明确地告诉孩子，虽然微笑很重要，但发自真心的笑更有意义，笑代表开心、高兴、快乐，当我们愉快时自然会笑。但是我们也允许自己难过，不开心的时候哭也是可以的。要让孩子面对自己真实的感觉。

有句话说得好："微笑是两个人之间最短的距离。"

孩子之间的交往很简单也很纯粹，两个孩子的友谊可能起源于一块糖、一个拥抱、一个温暖的微笑，他们的快乐和幸福同样也会传递给我们。

微笑的力量是强大的。可以让孩子每天给自己一个微笑，练习朝镜子里的自己笑一笑，简单的动作，却是最有效的自我鼓励，会带来一天的好心情。

雨果还说过："生活就是面对真实的微笑，就是越过障碍注视将来。"

生活中难免会有坎坷和挫折，在实际的社交活动中，高敏感的孩子也会遇到很多问题，要让他们学会对自己微笑，给自己力量去面对难题，锻炼他们独自解决问题的能力，而他们的社交能力也会在这个过程中得到提升。

养育孩子就是一个逐渐放手的过程，我们看着孩子小小的身影不断长大，他们会变得更勇敢。家长要教会他们自我调节，用微笑提升社交能力，当孩子用微笑的力量越过障碍注视将来时，他可能会自豪地说："这是爸妈教给我的秘密法宝。"

这大概就是幸福吧！

让孩子把关注点放在自己身上

孩子对外界感觉的表达很简单，开心快乐就会笑，悲伤难过就会哭，这是孩子的本能。高敏感的孩子也一样，只不过他们需要在一个自认为安全的环境下才能放开自我。当外界环境让他们感到不安，他们就会将真实的感受隐藏起来进行自我消化；若积攒的能量没能得到完全消化，就可能引起一系列的问题。

朋友雨轩休完产假后做了全职宝妈，直到两年后她妈妈退休，有人帮她带孩子了，她才回到职场。工作后，她发现自己出现了社交障碍，产生了和童年时期一样的恐惧感。

雨轩从小学开始就不愿意和同学一起回家，偶尔有小伙伴找她一起放学，都被她拒绝了。她曾经尝试过和同学一起走，但她发现整个回家的路上都处于精神高度集中的状态，那个同学话很多，问题更多，原本上课就很伤脑筋了，放学还要继续集中注意力，这让她感到很苦恼。

升到初中课业更重，雨轩变得沉默寡言，不想再说多余的话消耗精力，每一次谈话都会消耗她所有的能量，需要休息好一会儿才能缓过来。她的这种状态被妈妈知道了，她妈妈说："不要因为和人聊天感到累就拒绝所有的交流，你可以在觉得累时打断对方，告诉她自己的感受。真正的朋友会体谅你的。"

后来雨轩才知道，她妈妈早就听说了她的"怪异行为"，她学习成绩很好，尤其是语文，写文章很厉害，但大家都说她是个只会学习的怪胎。在听到这些传言时，起初她妈妈并没有在意，因为她发现女儿的心态很好，没有被外界的评价影响，即使一个人回家也很开心。但后来她妈妈觉得事情有了变化，女儿脸上的笑容越来越少，整个人的状态都不对了。

雨轩是个内向的高敏感孩子，上初中时有社交恐惧症，认为生活中很多社交活动都是无用的，完全可以屏蔽掉。但后来她发现自己慢慢失去了对生活的热情，从前是不愿意社交，而现在变成不能了。和人交流时注意力很难集中，并且心跳加快，还会出现说话口吃的现象。

人类需要群居生活，社交活动是生活中必不可少的一部分，完全屏蔽是不可能的。高敏感的人在与人交流时或许会有这样的情况：精神高度集中，想要听清对方的每一句话，实际交谈过后会感到精神疲惫，像是打了一场硬仗；好想快点结束这次谈话，但又不好意思打断对方；冥思苦想一个话题，还要找合适的时机说出来，这个过程太揪心了；对方说话很啰唆时会不自觉地皱眉头，想要对方说重点，却又怕对方不开心而默默忍着。

在社交活动中，高敏感的人群很会为对方考虑，常常忽略了自己的感受，或是将自己真实的感受隐藏起来。这让他们自己也很不舒服，这时不妨换一种思维，把注意力放在自己身上，考虑自己当下的感受。

就像雨轩妈妈说的，在交流中如果感到很累、精神紧张，那么就说出自己的感受，让彼此都休息一会儿；或提前结束谈话，把话题暂时搁置在一旁，等时机合适了再讨论。

雨轩在妈妈的帮助下不再纠结，她开始尝试改变，适当参与社交，也和同学一起上学，当她感到很累时，就告诉对方："我们先不说话，就这样静静地走一会儿，感受下大自然的微风。"思维方式转变后，雨轩不那么累了，也交到了真心相待的好朋友。

儿童的社交恐惧问题最好在童年时期解决，否则它会如影随形，一路尾随到成人时期。

雨轩在生产后再度出现社交恐惧症是因为长时间与社会脱节，近三年的时间都只跟宝宝交流。重回职场后，她来到一个新的单位，各方面都在熟悉中，加上她又具有高敏感特质，很在乎别人的看法，所以要花费更多的精力去适应新的环境。在与同事交流时，她需要注意力高度集中，但总是不自觉地想到别处，有时大脑一片空白，有时甚至会感到眩晕。这种症状只有在她独处的时候才能好一些，所以她从不和同事一起吃饭，总是独来独往，似乎再一次回到了童年阴影的笼罩中。

这一次雨轩的妈妈依然给了她鼓励和支持，让她把注意力放在自己身上，不要去考虑别人的感受。只有自己感觉舒服，工作起来才更有效率。

不得不说，在孩子的成长过程中，母亲的影响是深远的。

高尔基曾经说过："世界上的一切光荣和骄傲，都来自母亲。"

如果高敏感儿童出现社交障碍，认为与人相处太累、耗费精力和时间，那么就让孩子停下来等一等，然后用共同的目标和方向去引导孩子交朋友。如果孩子能找到同频的朋友就更好了，同频意味着两个人之间有相似的地方，相处起来也会更开心。

与其他小朋友相处时，让孩子把关注点放在自己身上，过滤掉那些让自己不愉快的，只保留让自己舒服的部分。试着让孩子做一些简单的交流，比如向小朋友借橡皮、向服务员要一壶花茶、跟邻居阿姨说谢谢，等等，逐步改变孩子排斥社交的心理。

一步步引导孩子接受正常的交往，如果觉得不舒服，就跟爸爸妈妈说出来，大家一起找问题，然后再一起解决。告诉孩子自己的舒适度很重要，只有自己舒适了，才能在社交活动中获得快乐。

做游戏可以缩短彼此的距离

《儿童社交的爱与痛》中提到："学习玩耍对孩子十分重要。玩耍是童年的真谛，它影响着儿童的精神健康。既是工作，也是娱乐。"

爱玩，是孩子的天性。在玩耍时，孩子会感到身心愉悦。它可以帮助孩子赶走悲伤和难过，也可以让孩子拓宽朋友圈，缩短孩子之间的距离。

当孩子在玩时，不要随意打断，如果不想让孩子玩太长时间，可以事前定好规则，约定的时间一到，孩子就要回家。这样既可以培养孩子的时间观念，也可以让孩子感到自己被尊重。

内向型的高敏感孩子大多不主动参与社交活动。在班级自由活动的时间里，他们大多会独自一个人看书，或站在角落里默默看着，如果有人邀请，他们也不会拒绝。在交往过程中他们大多处于被动状态，并且会有一个安全的心理距离。如果对方表现得过于积极，那么他们有可能会感到压力，不想让关系持续下去。

但当内向的高敏感孩子受到邀请、跟别人一起做游戏时，他们也会像一般孩子一样感受到快乐和幸福，所有的烦恼都一扫而空。

游戏具有神奇的魔力，它可以让孩子找到快乐的源泉。通过游戏，孩子们可以建立彼此之间的联系，完善一段亲密关系。游戏可以驱散悲伤的情绪，让人朝正能量的方向前进，这被称为“游戏力”。

培养高敏感孩子的游戏力，相当于让他们学会了一个自我治愈坏心情的方法，简单不复杂，快乐又有效。

朋友的孩子小旭有一天回到家就把自己关进屋子里，他妈妈很担心，于是向老师询问情况。小旭在班级里比较没有存在感，因为不爱说话，也不主动举手回答问题，是一个比较闷的男孩，在同学眼里不好相处，同学们不愿意碰钉子，出去玩也不会想起他。这天他们全班一起玩捉迷藏，小旭也参加了，他藏起来等着同学找，可是等啊等，盼啊盼，始终没有同学来找他，直到放学铃声响起，小旭回到教室才知道，原来同学们把他给忘了。

小旭很不开心，好不容易鼓起勇气和同学们一起做游戏，竟然被同学们忘了。他觉得同学们都不喜欢他，再加上平时班里的闲言碎语，所有伤心事一齐跑进了他的小脑瓜，他觉得难过极了。

了解了小旭难过的原因，小旭妈妈决定让孩子的爸爸出面。小旭爸爸带着小旭来到足球场，对他说：“痛痛快快地踢一场，尽情玩，什么都不要去想。”于是父子二人欢快无比地踢了一场足球赛。

亲子足球赛结束后，小旭的心情果然变好了，小旭的父母开始引导他说出心里的感受，并做出建议：马上过生日了，找几个要好的伙伴来家里，大家一起聚聚餐，玩玩游戏。小旭并没有反对，于是聚会如期举行。

在聚会中，小旭妈妈提议让孩子们猜字谜，一个比画一个猜，猜对有奖。小旭被小伙伴带动起了积极性，主动提出去比画，并且完成得非常好。类似的游戏在今后的生活中也玩了几次，渐渐地小旭变得爱说话了，状态一天比一天好，在学校敢举手发言了，同学们对他的漠视感也逐渐消失了。

高敏感的孩子并不是不喜欢社交活动，如果在社交活动中受过伤害，他就会本能地拒绝。对于触碰了他们安全底线的活动，他们要退出去才会有安全感。家长和老师需要注意观察，一旦发现孩子对社交活动有抵触情绪，就需要第一时间做出反应，用合适的方式给他们一个正确的引导。

游戏的力量是很强大的，小旭的父母通过游戏使小旭的负面情绪得到转化，通过“玩儿”让孩子掌握处理情绪的方法，性价比真的太高了。

下面给大家推荐几个游戏，可以提高高敏感孩子的游戏力，为他们的社交活动提供帮助。

亲子游戏

父母是孩子建立一段关系的起点，是亲密关系的重要组成。亲子游戏很重要，它可以增进亲子关系，让孩子更自信和勇敢。

很多家长一提到和孩子做游戏就很头痛，觉得孩子的游戏很幼稚，大人怎么能参与进去呢？下面让我们听一听这几位受访者的心声吧！

“一个曼哈顿球我女儿都能玩一小时以上，我太忙了，哪有时间陪她啊。”

“我是大人了，怎么能和孩子玩到一起去呢？”

“小孩子的游戏太无聊了，我儿子玩手掌大的小汽车模型都可以超过三小时，他不觉得没意思吗？”

在培养孩子游戏力的过程中，爸爸和妈妈参与的重要性是一样的。想让敏感的孩子不排斥社交，爸爸妈妈就应该陪孩子从小一起做游戏，在游戏中学会成长。

在幼儿园和小学教育中，亲子游戏已经被应用得很全面，学校会要求孩子和父母一起完成某项任务、一起做某种游戏、一家三口一起完成一个表演，等等。在亲子游戏中成长的孩子会更有安全感，自信心也会更强。

做一天小主人

这个游戏以孩子为主导，旨在锻炼他们的责任心和使命感。

孩子早晚都要离开家庭，脱离父母的庇佑自己长大，当孩子的游戏力打下坚实的基础后，父母就要学会放手，开始培养孩子的独立性，不过分参与到孩子们的游戏中，不要让“温柔的注视”给孩子带来无形的压力。

在小主人游戏里，孩子可以邀请小朋友到家里来，不必热闹，温馨即可，让敏感的孩子不会产生紧张感和压迫感。

提前让孩子做好准备，计划好聚会做什么游戏、吃什么点心、喝什么饮料，而家长只需要出去采买，并帮助孩子布置现场就可以了。游戏开始时家长要主动避让，把空间留给孩子们，让他们感到自由。敏感的孩子也会在游戏中变得合群、有集体荣誉感，就像上述案例中的小旭，在学校也愿意主动回答问题了。

人生的道路终究还是要靠孩子自己走下去，我们要做的不是帮他们安排好一切，而是要适当地放手，让他们学会自己做主。这样在今后的各种社交活动中，孩子们才能应对自如。

小管家游戏

和父母完成亲子游戏，和小伙伴完成小主人游戏，接下来可以锻炼孩子与陌生人交流。当然这一切都要在确保孩子安全的前提下进行。

小管家游戏，顾名思义，是让孩子做一天的家庭小管家，可以锻炼孩子的人际交往能力，还能让孩子学会储蓄，拥有最基本的理财观念。

这个游戏建议在孩子十岁左右时进行，这时的孩子对金钱有了初步的概念，可以在家长的监护下完成一些简单的交易。

具体的游戏内容是，给孩子一百元钱（可根据家庭情况制定合适的数额），让孩子安排这一天的家庭花销。从一日三餐吃什么、去哪买，到怎么交易、记账，都靠孩子自己完成。在这个过程中，家长需要跟在孩子身后保证他们的人身安全，鼓励他们和遇到的陌生人交流。一天结束后，家庭成员对小管家进行点评，小管家最后做出总结，游戏方可结束。

对于新鲜的事物，孩子是很容易产生兴趣的，家长需要做的就是用兴趣和爱好吸引他们做游戏，让他们在享受中获得人际交往能力，正所谓一举两得。

最后给大家介绍一个积极心理学的新生概念——心流时间，是指一个人全神贯注做一件事情时忘乎所以的状态。“心流”这个概念由神经科学家玛丽安·戴蒙德提出，她认为：“当孩子沉浸在最新的游戏中时，他们会高兴得忘记所有烦恼。而伴随这些感受而来的强烈内在动机，能够指导他们去努力、学习和追求成就，这种影响无法以任何其他方式实现。”

游戏时间就是孩子的心流时间。现在请努力去开发孩子的游戏力吧！

真心和诚实在儿童人际交往中不可或缺

从孩子的角度看世界，世界更像是一个巨大的潘多拉盒子，充满了无限的期待和憧憬。孩子们的心是纯真善良的，笑容是灿烂阳光的。他们是这凡尘俗世中最可贵的天使，每一个孩子都值得被珍视，他们柔软的心更需要被守护。

可在现实生活中，孩子在与人交往时会遇到许多问题，尤其是高敏感的孩子，他们经历的坎坷和磨难会更多，也更现实。人们的偏见与误解会放大他们身上的敏感特质，这会影响他们的心理健康。

敏感的孩子常常待在自己的安全区，就像是缩在套子里的人，给自己造一个保护壳。他们拒绝社交，不去公共场合，也不和陌生人说话，久而久之就会处于社交恐惧的状态中。

亲戚家的小蕾一度对陌生人感到害怕，和陌生人说话时会感到紧张焦虑，心跳加快，脸也会噌地一下变红。新学期开学，她成了一名初中生，在新学校面对新同学让她感到很痛苦，甚至在课堂上回答老师问题时都会双腿发抖，紧张到嗓音发颤。

小蕾从小学开始随父母辗转于几座城市，中间换过三所学校，上初中时搬回了老家，这个时候她已经出现了社交恐惧的症状。在公共场合会紧张不安，陌生人跟她说话时，她会条件反射地后退一步，低下头不敢直视对方的眼睛，有时甚至连声音都发不出。在新学校面对陌生的同学，为了快点融入集体她不惜说谎，称自己住在市区的楼房里，而且房间很大。为了圆这个谎言，她每天放学和几个住在市区的同学一起骑车“回家”，和她们分开后再骑车返回学校，绕一个大圈才能回到自己真正的家。

结果谎言很快被识破，小蕾成了班级里的谎话精，没有人愿意和她玩，她也被小团体排除在外，同学们有意无意地孤立她、无视她。渐渐地，她开始不愿意去学校，整天哭着让父母搬家，要求换一个学校上学。

小蕾的社交恐惧心理的形成源自多个方面。

第一，小蕾自身的高敏感特质。她格外注重别人对她的评价，老师说一句话会让她思考很久，对别人的情绪感知敏锐，在乎他们的想法。

第二，不稳定的居住环境。小蕾从小学起就经常换学校，对新环境的适应性差，不安和恐惧的情绪无法发泄，只能集聚在心底，长时间的压力使得心理出现问题。

第三，父母没有教给孩子正确的交友观，甚至在孩子面前“表演”两副面孔。小蕾的爸爸是生意人，有时会对别人阿谀奉承，说一些与实际不相符的话，给小蕾做了错误的示范。

第四，父母因为忙碌忽视了对孩子的教育，让孩子形成了错误的价值观，同时对孩子不够关心，让孩子长期处于不安中，只能自己消化负面情绪。

小蕾从小就有一种不安的心理，对于新的环境和陌生人会感到焦虑，不敢主动和别人说话。来到新学校，有同学主动与她交流，她为了不失去这个交朋友的机会，谎称和他们一样都住在市区，没想到弄巧成拙，遭到同学们的孤立。

小蕾的奶奶知道了这个情况，她将小蕾接到家里，积极开导小蕾，并带她去看心理医生。根据心理医生的指导，利用系统脱敏法帮助她一步一步走出对社交的恐惧。接着教导她正确的交友观，告诉她交朋友是讲究缘分的，不必让所有人都喜欢自己，找到适合自己、志同道合的朋友最重要。而在交朋友的过程中，真心和诚实是最不可或缺的。

《礼记·中庸》有云："唯天下至诚，为能尽其性。"意思是只有天下最真诚的人才能充分发挥自己的本性。

在儿童的人际交往中，真心和诚实不可或缺，要时刻保持这种意识，以诚待人，用一颗真心靠近另一颗真心，才能获得真正的朋友。

高敏感的孩子在没有被正确引导前，或许会因为敏感行为造成他人误解。他们为了融入集体，会隐藏自己的"敏感"，甚至用谎言去包装自己。小蕾的做法是错误的，这样换来的友谊只会转瞬即逝。家长要告诉孩子，生而敏感并不是一种错，那些小敏感是具有无穷潜力的宝藏，在等待着有一天能够被发现。

总有一天，敏感的孩子会遇到一个人，那个人会成为他的朋友，包容他的一切，也包括敏感的部分。也有许多人会为他感到骄傲，爸爸和妈妈就是其中之一。要保留一颗真心，真诚地对待周围的人，相信他们感应得到，并珍惜这份诚意。家长要善于发挥孩子的共情能力，让他们用真心和诚意和朋友相处，互相帮助，共同学习进步。

人生的道路很长，孩子未来要面对的世界是广阔的。在人际交往的汪洋大海上，要以真心为帆、诚实为舵，不要担心犯错，家长要接纳和包容，鼓励孩子及时改正错误，朝着正确的方向继续航行。人与人之间只有真诚相待，才能成为真正的朋友。让孩子从小与真诚相伴，学会承担责任，用一颗真心去对待身边的每一个人。

卡耐基曾经说过：“一个人之所以成功，其中专业知识的作用占15%，还有85%则是他们的交际能力。”

人际交往能力在生活中起的作用举足轻重，孩子待人接物的能力应该从小培养。心理学家说，人际关系的好坏会直接影响孩子的心理健康。尤其是高敏感孩子，他们更容易进入人际交往的误区，所以培养他们的人际交往技巧就显得格外重要。

敏感的孩子心思也更细腻、更柔暖，愿他们都能找到最适合自己的人际交往方式，收获属于自己的快乐和幸福。

第八章

将高敏感转化为天赋

教孩子合理发挥共情能力

你的孩子或许会有这样的行为：

同情心泛滥，当别人犯了错误时，自己反而先哭出来；

容易被感动，看个动画片也能哭；

养了很久的小动物死了，会哭一周以上，持续难过很长时间；

能感知父母的心情，当爸爸妈妈难过时，会上前安慰；

遇见别的小朋友碰到难处了，总想去帮忙，尽管他并没有被求助；

爷爷和奶奶因为小事吵了一架，孩子马上小声问妈妈，是不是因为他不乖，所以他们才吵架。

高敏感儿童的共情力很强。合理的共情力能让孩子成长，不合理的共情则会影响孩子的情绪，给生活带来困扰。

共情力，众所周知是高敏感人群与生俱来的能力，他们能感知到他人的情绪，能设身处地体验他人的处境。人本主义的创始人罗杰斯最先提出了“共情”这个概念，后来被广泛应用在现代精神分析中。

高敏感的孩子很容易感知到他人的情绪，当周围的人感到开心、幸福时，他们的心情也会很愉悦。一旦身边的人闷闷不乐，会连累敏感的孩子也情绪不佳。

举个例子来说明，各位家长朋友或许会更容易理解。

幼儿园的老师做理财赔了钱，心情不好，早上站在班级门口时有些心不在焉，脸上没有笑容。小朋友走进教室时纷纷跟老师打招呼，老师都没有回应一个笑容，平时温和的问候也没有。孩子们带着不同的心情来到教室：一般的孩子不会在意，他们只顾着自己玩，或是和其他小朋友一起看绘本、玩积木。有些女孩子心思细腻，会关心老师怎么了，好像有些不高兴。而高敏感的孩子想到的问题就多了，他们会第一时间察觉老师不开心，然后发现老师没有像昨天那样拍拍他的肩膀，也没有温和地跟他说早安，接下来回到座位就有些魂不守舍，左思右想，觉得老师是因为他不开心，然后开始回忆他做错了什么才令老师情绪低落，到了晚上，孩子断定老师不喜欢他了。

不只是高敏感的孩子，成年人也会有这样的情况。在单位，一起共事的同事没有跟他打招呼，在他面前走过时没有表情，他就会认为同事不喜欢他，对他有看法，继而反思自己的行为，反复思考自己哪方面做得不好。

瞧，敏感的孩子或大人能很快地察觉周边人的情绪，感知他们的痛苦。在感同身受的同时，自己的情绪也会跟着不好，然后开始反省，认为是自己的过错导致他人出现负面情绪。

此外，不合理使用共情能力还会让孩子陷入危险的境地。

不知大家是否遇到过这样的事情，神情疲惫的老奶奶站在路边，遇到年轻的女孩就跟她说自己好几天没吃饭了，想要点钱买点吃的，而老奶奶的儿子就站在不远处看着。成年人会心生警惕，不去理会或带他们去找警察，可孩子却不知道。我的一个朋友W就遇到过，她没有理会，但女儿西西却同情心泛滥，觉得老奶奶好可怜，一定要W去买吃的。回到家之后还对老奶奶念念不忘，担心她是否有地方睡，穿得是不是暖和，会不会饿着肚子。

我们常常教导孩子要尊老爱幼，有爱心和同情心，要学会帮助他人。这一点小孩子都能做得很好。但在鱼龙混杂的社会中隐藏着一些坏人，他们别有用心，利用小孩子的同情心去伤害他们，造成不可挽回的严重后果。尤其是高敏感的孩子，他们的共情力更强，面对他人的求助，他们难以拒绝，如果不施以援手的话，他们会觉得心里不舒服。

因此家长要教会孩子要有自己的判断力，在保证自己安全的前提下帮助有需要的人。

W就借着老奶奶的机会给西西上了一课。她告诉西西，老奶奶有自己的儿子，他们都是成年人，会自食其力，可以打工赚钱，如果他们向小孩子求助，让小孩子给他们买东西吃，那么就不能答应。大人都解决不了的事，小孩子就更没有办法了。W还告诉西西，可以让老奶奶去找警察叔叔，警察叔叔会帮助她的。

这种防御式教育一定要从娃娃抓起，不能让坏人有利用高敏感孩子共情力的机会。

由此观之，教孩子合理发挥共情能力很重要。

首先，父母需要言传身教，给孩子树立一个榜样。想要孩子发挥共情能力的优势，家长请先提高自己的共情力，和孩子一起成长。

美国当代著名的心理学家阿尔伯特·班杜拉认为："儿童社会行为的习得主要是通过观察、模仿现实生活中重要人物的行为来完成的。"

父母要对自己的孩子足够了解，熟悉孩子的思考方式和行为习惯，这样才有可能对孩子的心情感同身受。父母提高共情能力，能让他们体会到孩子的感受，孩子也会感觉到父母和他站在同一战线，更容易产生依赖感和安全感。

其次，用陪伴和爱去浇灌，加深孩子对共情力的理解，不要让他人的负面情绪影响到自己。

在受到外界的情绪影响时，要孩子明确这种情绪从何而来，自己到底在难过什么？然后问自己，别人的负面情绪是否与自己有关。告诉孩子不要因为他人的坏情绪而苦恼，我们没有必要对别人的坏情绪负责。

高敏感孩子的情绪会受到外界环境的影响，环境恶劣时，他们就会受到干扰，会不受控制地去想。比如爸爸妈妈吵架了，敏感的孩子会想是不是自己做错了事。孩子会觉得没有安全感，自己的情绪也受到影响，变得不开心也不爱交际。

这个时候就应该让他们培养一种思考习惯。先去了解周围的人出现的负面情绪，再去思考是不是自己的原因。如果不是，那么可以远离，看不到别人情绪的脸谱，共情感自然会减轻。要让孩子知道，他们没有必要为别人的坏情绪买单。

最后，鼓励孩子去交友，提高社交能力，教会他们善良地对待周围的人。同时也要提防坏人利用孩子的同情心，应该让孩子从小就学会自我保护。

孩子的善良也需要有些棱角，要学会说不，拒绝令自己感到不舒服的要求。

当孩子被他人的负面情绪困扰时，要让孩子转移注意力，将关心的重点放在自己身上，不要让孩子将精力和时间浪费在自我怀疑上。

合理发挥共情力，可以减少高敏感孩子的内耗，培养较高的同理心，用真心对待身边的朋友，然后获得真正的友谊。

为了理解和帮助身边的人，高敏感的孩子会站在对方的立场看待问题。到最后我们会发现，很多问题和困扰都迎刃而解，高敏感孩子的世界也得以扩展，他们更善良、更勇敢、可以帮助更多的人。

这让孩子们进入了一个新的世界，人生更加丰富多彩，乐趣也增加了很多。

这就是共情的力量、可以让高敏感的孩子实现转化的力量。

发掘孩子的敏感力

“敏感力”这个词读起来似乎有一些正能量的成分，会让人产生好感。如果是不了解高敏感的人听到了，会认为这是一种夸赞，是人身上的优点，就跟坚强、勇敢、乐观一样，是个褒义词。

但是高敏感人群知道，从“敏感”走到“敏感力”，这中间相隔千山万水，途中道路也坎坷不平。

美国心理学家伊莱恩·阿伦在《孩子，你的敏感我都懂》中提到了敏感力，她通过研究得出一种结论，高敏感人群的正面心态就叫作敏感力。她说：“接受优质方式养育的孩子，因为置身于较好的环境里，会比其他孩子有更正面的发展。”她还说：“敏感的孩子不只比非敏感的孩子容易被不良环境影响，也容易被好环境影响。”

敏感力是正面的心态，是一股向上的力量。当然，我们要发掘敏感孩子的敏感力，并不是要求他永远积极乐观，将所有不好的敏感行为都删除，只保留好的、优秀的部分。我们要看淡那些不好的，重点开发优秀的一面。

打个比方，敏感孩子的行为不分好和坏，只是大家认为“坏”的部分会对孩子的未来产生影响。我们可以将敏感孩子的行为用“凹”和“凸”区分开，“凹”代表内向害羞，在乎别人的评价，内心敏感；“凸”则表示心思细腻，做事认真，在艺术方面有天分。很多家长在发掘孩子敏感力时想要把“凹”填平，或者将“凹”下去的部分强行拽出来，最后变成“凸”，这是不可行的。把“凹”填平，孩子会感觉压抑、沉重，内心极度不舒服。

我们要追求孩子原本的样子，淡化敏感的地方，不要让孩子迎合、顺从父母，最后失去自我，形成假性自体。

我遇到过一个“孩子”，名字叫珍妮，之所以用“孩子”这个词来形容一个同龄人，完全是因为她是个妈宝女，凡事以妈妈为主，做任何决定都要考虑妈妈是否同意，会按照妈妈喜欢的方式生活。

珍妮心思细腻，是周围人情绪的“晴雨表”，很会看人的眼色过日子。当别人生气时，她会害怕，做事也战战兢兢，小心翼翼地保持距离。当别人高兴时，她做起事来也得心应手，一旦别人出现负面情绪，她也会跟着一起伤心难过。在单位，她是出了名的墙头草、老好人，没有自己的立场，很容易受他人摆布，从不会拒绝别人。

这种情况从童年时期就开始了，珍妮说，她妈妈和她一样敏感，她妈妈小的时候经常被人说是异类，因为敏感的行为受了不少伤害。为了保护珍妮，她妈妈很注重孩子的成长，认为自己的关怀式教育没有问题，她尊重孩子的想法，所有决定都让孩子自己做。

但珍妮说，在她做一件事时，妈妈总是在一旁看着，虽然没说什么，但她还是会按照妈妈的喜好去选择，会不自觉地顺从妈妈的心意。因为她们朝夕相处，她早已经知道做什么能让妈妈开心。

如果父母有一方是高敏感人群，在养育孩子的过程中难免会出现过度干预和关心的情况，呵护过度，超出了孩子的安全距离。他们认为自己和孩子同样属于高敏感人群，孩子经历的痛苦他们也曾经历过，他们更能够理解孩子的苦恼。他们或许在儿时不被理解，没有选择权，也不敢说出内心真实的想法和感觉，等他们长大后有了自己的孩子，而这个孩子恰好和他们同样敏感，那么他们发誓要尊重孩子，注意孩子的感受。但实际上，在他们注视着孩子时，孩子会有压力，会主动朝父母喜欢的方向改变想法，最后失去自我。

当孩子被过度关注时，他们会感到压力。压力的来源就是父母，父母就算什么都不做，只是在一旁默默看着，这种行为也会造成无形的压力。

这样做的结果就是，敏感力没有被转化，反而培养出一个妈宝娃。

很多人会感到迷惑，敏感力到底要怎样才能得到转化。其实，当下的一切就是最好的安排，也是舒服的状态，不要过度压抑高敏感孩子的天性，也不要强行改变，不妨让他们顺其自然。毕竟对于孩子来说，只要身心健康，快乐地长大，就是很完美的一个状态了。

随着高敏感概念的普及，世界范围内的人已经逐渐改变了对高敏感人群的看法，不再认为那是缺陷，而把它看作是一种能力，也就是我们所说的敏感力。

不要过分执着于提升，也不用纠结困难重重的事，做不好或难以改变的事情就放下，看淡看轻、不去理会。着眼于当下，做好每一件哪怕是很小的事。把那些可以让自己心情愉悦的事情安排好，开发眼下已有的敏感力。

在关心高敏感孩子的敏感力转化之前，家长也要关注一下自己心中那个同样需要守护的孩子。拥抱童年时期的自己，和之前的种种不如意和解。那些曾经因为敏感而受到的伤害都已经成为过去，放下过去也是放过自己。当你不再纠结的时候，敏感力就已经形成。

父母先要呵护好自己敏感的心，然后再去关爱高敏感的孩子。

当我们孕育了一个新生命、成为父母的时候，总是想要严格要求自己，一定要做个优秀的爸爸或妈妈。必须要对孩子负责、爱孩子、守护孩子。让我们换一种表达方式，作为父母，我们是新手；作为孩子，他们是新生命。我们和他们所要面临的世界都是陌生且充满挑战的，我们都没有经验，也会迷茫，也会害怕。与其说是养育孩子，不如说是和孩子一起学着长大。我们互相帮助，在一次次的探索中前进，一起发现问题、解决问题。

孩子很敏感，渴望依靠，希望得到很好的照顾。我们同样也有一颗柔软、火热的心。不必去追求最好，只要做好当下最合适的事情就够了。

放弃世人认定的好的方式，不去理会外界的评价，选择一个适合自己和孩子的成长方式，陪着孩子一起成长，快乐地度过这一生。

敏感力的转化没有既定标准，适合孩子才是唯一的准则。让敏感的孩子找到最舒服的状态，引导孩子朝着正能量的方向前进，到那时自然就会发现孩子的敏感力了。

转化的秘诀不是“精英绑架”

作为家长我们应该都有过这样的思考：在给孩子提供最优质的教育环境的同时，到底要不要严格要求孩子德智体美全方面发展？是否要以学习成绩去评判一个孩子的好坏，是不是需要制定一个标准让孩子完成？

在养育孩子的过程中，需不需要将自己的价值观施加到孩子身上？如果我们的信念会对他们产生影响，那么我们想要达到什么样的程度、渗透多少的影响？

随着时间的推移，人们对于高敏感的认知也越来越深刻。现在我们已经知道，高敏感是与生俱来的气质，是一种天赋，想发挥敏感力的优势作用，需要从儿童时期就开始“训练”，实现高敏感能力的转化。

然而很多人对于高敏感的转化有个误解，认为一切改变和转化都是为了世俗意义上的成功。

高敏感的孩子有很多天赋，比如观察力敏锐、共情能力强、感官灵敏度高、做事认真等，父母在肯定这些优势的同时，也希望他们改变那些容易引起外界质疑的“小缺点”，比如内向、敏感、做事犹豫等。在发挥天赋的基础上给他们制定更远大的目标：由普通转变成优秀，再由优秀转变成精英，用培养精英的标准来衡量孩子的进步，形成了一种“精英绑架”。

小H从小就在妈妈高标准严要求的教养下长大。他心思细腻，对数字很有天赋，在数学上展现出了天才的一面，一度跳级去了少年大学。同时他又存在高敏感的一面，沉浸在自己的世界里不愿意交际，做事不果断，选择困难，行为有些怪异。

一次偶然的机会，小H的妈妈参加了一个关于高敏感心理学的讲座，听完后恍然大悟，原来小H那些“异样”行为都是正常的，如果能培养孩子好好发挥，他就能有更好的发展。

于是小H的妈妈给他精心制定了精英培养计划，用一个词概括就是：扬长避短。发挥热爱学习、做事认真严谨、思考问题全面、心思细腻、共情力强的优势。改变喜欢独处、做抉择时犹豫的缺点。最关键的一点是小H属于内向型，而他妈妈认为外向性格更符合精英的标准，于是便着重对小H的性格进行改造。

从那以后，小H开始了苦不堪言的生活。他不断压抑自己的情绪，可负面情绪已经到达了临界点，终于在高考前崩溃了。他是班里的优等生，当班主任察觉到他情绪的波动，第一时间跟他进行了沟通。

小H妈妈这种“精英绑架”式的教育让孩子进入了一个迷失自我的黑洞。面对母亲，孩子不得不强行改变，违心而行，长期压抑自己的情绪，最后不堪重负、情绪失控。

万幸的是小H遇到了一个负责的班主任。这位班主任也是高敏感人格，因为她也曾遇到过类似的事情，所以很理解小H的心情。班主任找到小H妈妈，告诉她小H喜欢独处并不是孤僻和不合群，是因为他更需要深层次的交流。比起和同学一起玩，不如用奥数竞赛来维护友谊。强行改变只会让他崩溃。

这种“精英绑架”式的教育容易让孩子给自己戴上一个面具，找不到真我，继而迷失在假我当中。

心理学有个概念叫“人格面具”，是心理学家荣格提出的。他指出“它是一种假自我，是一种我们对自身的理念的集合，是我们和周遭环境互动中形成的妥协。”

高敏感儿童在被教养的过程中，被强制吸收了许多外界的期许和压力，这些期许和压力很大一部分来自父母，这对他们人格的形成有很大的影响。父母将他们认为的“精英”孩子的标准施加到高敏感的孩子身上，孩子为了达成标准让父母高兴，会将真实的自己藏起来，塑造一个面具外壳保护自己，相当于自我保护中的防御机制。

通俗一点解释，假设一个孩子是“行动处如弱柳扶风”的性子，可家长觉得外向性格好，强行要孩子改变，要“动如脱兔”般活泼。为了达到家长的标准，孩子会将内向藏起来，故意表现出活泼的面具。内向是真我，外向是假我，是为了适应环境而做出的防御。敏感的孩子内耗比一般孩子严重，他们多思多虑，越不按照自己的本心去做就越累，久而久之就会出现负面情绪，形成心理问题。这就是人格面具朝劣势方向发展的结果，真我与假我不想融合，甚至出现排斥现象。

也许孩子最后真的转变成了大众普遍认知的“精英”，但孩子的心受伤了，他们的思维和心灵长时间超负荷运转，做了许多与真我相悖的事情。他们虽然成了别人眼中的“精英”，但却失去了最宝贵的自我。而他们原本想要的，不过是活成最舒适的状态。他们渴望能够让真我走出尘封的心，打破那个不被自己喜欢的假我。

与其让孩子成为精英，不如让他们做自己，寻找属于自己的价值。

我一直认为，一般孩子也好，高敏感孩子也罢，每一个孩子都是浑浊尘世中的一个精灵，他们各有千秋，各自在自己的人生中摸索着前进。

每个孩子都有属于自己的时区，或许很慢，或许很敏感，但都在努力地探索这个未知的世界。世界对他们来说是新鲜的，他们的未来也有着无限的可能性。不要用精英的条条框框去束缚他们的成长，也不要将他们原始的灵性磨平，要给他们一个相对自由的空间，让他们自由自在地寻找真正的自我和价值。

精英的确很好，但对于高敏感的孩子来说未必合适。能让孩子快乐成长的，才是最好的。

哲学家雅斯贝尔斯说过："教育，就是一棵树摇动另一棵树，一朵云推动另一朵云，一个灵魂唤醒另一个灵魂。"

不要压制孩子的自我，要做一朵云，去推动他们，努力唤醒他们与生俱来的天赋，激励他们实现自我成长。

这才是高敏感转化成优势的秘诀。

快乐永远是幸福的关键

对于孩子来说，快乐的童年更像是一个五彩斑斓的世界。而具有高敏感特质的孩子获得快乐的道路有些蜿蜒曲折，还有点小坎坷。而这些小坎坷也常常来自他们的高敏感行为。他们比一般孩子更容易陷入困境，更容易被情绪困扰。

有些高敏感的孩子不被人理解，经常因为高敏感的行为被家长或老师“修理”，他们的内在感觉被压抑，这样的孩子往往并不快乐。

小佳在别人眼里是个“奇怪”的孩子，家庭聚会时表现得很安静，乖巧懂事，但是和别的孩子不太一样。别的孩子会一起玩游戏，聚在一起讨论学校的趣事，但小佳从不参与，总是静静地坐在一旁。等家宴开始时，她又表现得与众不同，在众多亲戚的孩子里，她总是第一个表演节目，有时会背诵一首诗，有时会唱英文歌。每次表演完，亲戚都对她赞不绝口，她的妈妈更是开心，眼神中流露出满满的自豪。可小佳的表情总是淡淡的，平淡地在众人的掌声中鞠个躬，然后回到妈妈身边坐下，自始至终乖巧懂事。

小佳虽然是别人眼中的好孩子，但她并不开心，在生活中几乎感知不到快乐。原因出在她的家庭教育，逼迫她将自己的内心隐藏起来。在亲戚面前表演节目、在公共场合乖巧听话、体谅父母的心，这些都会让大人高兴，但时间久了，她被训练得失去了自我。一直接受这样的管教，只有按照父母的要求生活，才能得到肯定和赞扬。一旦形成这种意识，就成了惯性思维。

其实，成为别人眼中的好孩子并不一定是快乐的事，孩子真实的内心感受只有自己清楚。小佳与她最好的朋友聊天时说，她常常感到不幸福，觉得心理负担很大。小佳的朋友也具有高敏感特性，两人经常在一起做深度交流，将自己的感受说给对方。

小佳的朋友对她说，可以试着跟大人多沟通，说出内心的想法，让他们看到自己的内心世界，这样可以快乐一些。小佳听从了朋友的建议，当妈妈让她做一件不喜欢的事时，她鼓起勇气说“不”，并且跟妈妈解释了原因。那一次，她没有了被逼迫的感觉，这让她感到了久违的愉悦。

对于孩子来说，快乐是永恒的幸福，是他们一直想要追求的。作为家长也需要知道，与其将自己的孩子培养成别人眼中的好孩子，不如让他成为一个快乐的孩子。

高尔基曾说过：“快乐，是人生中最伟大的事。”

幸福也是成功的必要条件，而幸福的关键在于快乐。对于孩子来说，快乐才是真正的幸福。我们要怎样才能让敏感的孩子获得快乐呢？

第一，家长要放松心态，不要把紧张的感觉传染给孩子，给他们造成无形的压力。

很多家长望子成龙、望女成凤，认为将孩子培养得优秀比让他快乐更重要。

家长们习惯了“成功才是关键”，从孩子出生开始就发誓要将最好的都给他们，为他们安排好一切，只为让他们拥有美好的未来。可孩子并不觉得开心，特别是高敏感的孩子，他们会感到压力，感到没有自由。父母给他们传递的压力和挑战会让他们感到紧张，继而压抑自己的情感。

当我们回首往事时会发现，只有童年时期是人生中最无忧无虑、最快乐的一段时光，可以想笑就笑、想哭就哭、恣意挥洒。而成年人的世界充满了紧张和压迫，因此大人不应该把压力渗透给孩子、让他们感到压抑和痛苦，也不要强行改变他们的高敏感行为，要相信诗人李白的那句“天生我材必有用”，把一切都交给孩子自己，给他们一个自由的生活空间。

第二，和孩子一起成长，站在孩子的角度考虑问题，保留孩子的童真。成人的快乐也许很难获得，但让孩子感到快乐其实很简单。妈妈的微笑、温柔的问候、一份生日礼物、老师的夸奖、吃到喜欢的食物、睡觉时有爸爸哄……这些快乐很简单也很容易获得。

家长切忌用自己的快乐标准去衡量孩子，要站在孩子的角度思考，让孩子保持住自己的快乐标准。

孩子都喜欢被夸赞和鼓励，了解孩子内心的想法，按照孩子喜欢的方式去对待他，他会更加高兴。

第三，让孩子列一份“快乐清单”，有目标、有计划地获得快乐。女孩小鹿很在意别人的看法，老师一句简单的评价会让她冥思苦想好多天，她觉得上学太累了，感受不到任何乐趣。

小鹿的老师得知了她的敏感特性，提出让她将自己觉得快乐的事情写在纸上，每次独立做完一件事情就记录下来，等再被别人影响而感到困扰时，就将之前写的“快乐清单”拿出来看一遍，这样就没有多余的时间去苦恼别人说了什么。

让孩子主动列一份“快乐清单”，用快乐填满他们的心灵。还可以让他们做一些愉悦的事情，用忙碌挤走不开心。

第四，保留孩子的自我选择权，倾听他们的意见，让他们按照自己的喜好和习惯做事。

爱因斯坦说过兴趣是最好的老师。

家长要尊重孩子的兴趣和爱好，不要过度干涉，要让孩子按照自己的兴趣去学习。孩子喜欢跆拳道，家长非要让他学舞蹈；孩子喜欢古筝，但家长认为弹钢琴更好，强迫孩子去学。这会让高敏感的孩子感到压抑，最后兴趣变成了压力，孩子怎么会获得快乐呢。

高敏感的孩子有他们自己习惯的做事风格，在做出决定前会花很多时间去思考。家长不要认为这是浪费时间，更不要着急，不要轻易打破孩子世界里的固有模式。

允许孩子保留他们获得快乐的方式，让他们感知到内心最真实的声音，难道还有比这更好的方法吗？

第五，养育孩子的快乐与收获是一个互相给予的过程。父母陪伴孩子成长，孩子也让父母感到愉悦，父母再把这份愉悦传递给孩子。

古希腊哲学家伊壁鸠鲁认为，快乐是幸福生活的开始和目的，是一种感官感受，是愉快的情感体验。

让孩子体会成长的快乐，发现生活的美好和乐趣，自由地追求自己喜欢的东西。而陪伴孩子成长的我们也会收获孕育子女的快乐。

在养育高敏感孩子的过程中同样也会获得快乐，对于家长来说，引导孩子走出负面情绪，帮助他们正确认识自己的小敏感，也能获得成就感。

陪孩子长大，这是一个不确定的过程，当中充满了无限可能。和孩子一起面对生活的坎坷和曲折，感知这个五彩斑斓的世界，遇见美好的未来，这大概就是属于我们彼此的幸福和快乐吧。

你需要给孩子积极的心理暗示

“暗示”这个词往往带着一些玄妙的感觉，某些情况下，心理医生会通过催眠疗法替患者解决心理问题，催眠发挥的就是暗示的作用。暗示并不是明确的表达，而是通过含蓄的语言或动作传递某种意思，从而使人领会。

相比一般的儿童，高敏感儿童会更在意周围人的语言、动作、神态，会不由自主地揣摩和猜测这些行为背后更深层的意思。他们的心灵敏感而脆弱，如果家长发挥主观能动性，主动给高敏感孩子一些积极向上的心理暗示，孩子也会相应地朝着乐观的方向发展。

心理学上有个著名的皮格马利翁效应，它表明了期待和赞美可以产生奇迹。这个效应来自古希腊的一个神话传说，皮格马利翁是神话故事中的主人公。他擅长雕刻，用神奇的技艺雕刻了一位美丽的少女，而后不可自拔地爱上了她，并且给她取名叫盖拉蒂，还给她穿上长袍，亲吻和拥抱她。

但这位少女只是一个雕像。一次次的表白并不能让皮格马利翁得到任何回应，绝望的他带着祭品来到神殿求助阿佛洛狄忒女神，期望这位象征着爱情与美丽的女神可以赐予他一个像盖拉蒂一样的妻子。女神被他的决心和真诚感动，决定帮助他。

皮格马利翁回家后走到雕像面前，深情地凝视，慢慢地，雕像的脸颊泛起血色，眼睛有了光泽，嘴唇微张，莞尔一笑。盖拉蒂朝他走来，温柔地看着他，随后开口说了话。这位雕塑少女活了过来，并且成了他的妻子。

雕塑可以变成美丽优雅的少女，这是皮格马利翁积极赞美和期待的结果。虽然是一个神话故事，但常常被应用在心理学中，罗森塔尔实验所应用的就是皮格马利翁效应。

美国著名的心理学家罗森塔尔来到一所小学，分别在1—6年级里抽取三个班，并对这18个班级的学生做了未来发展趋势的测验。然后拟了一份名单交给校长，称名单上的学生是最有发展前途的，并且要求校方保密，不得将名单泄漏出去，这样可以保证实验的准确性。但事实上，这份名单上的学生是他随机抽取的。八个月后，他再次来到学校，对这18个班进行了复试，结果显示名单上的学生进步飞快，并且在生活方面也变得更加积极乐观。

在罗森塔尔离开学校的这八个月，校方和老师都对名单上的学生格外照顾，并且对他们产生了极高的期许，这对名单上的学生来说是一种积极的心理暗示。可见诸如期待、赞许、鼓励这般的心理暗示对孩子成长的帮助是巨大的。

高敏感儿童对心理暗示的接收能力比一般孩子更强一些。如果外界给他们的感觉是善良的、温和的、充满正能量的，那么他们感知到的也就是积极的、乐观的。当周围的声音是否定的、带有偏见的，那么他们就会在敏感的道路上徘徊不前，陷入负面情绪的怪圈，甚至产生自卑感，出现社交障碍。

同小区的业主张女士对育儿有着独到的见解。她发现女儿小雨对气味很敏感，家里的卫生间是她每次大扫除的重点，不能留下一丁点儿异味，否则小雨就会因为有气味而拒绝进入卫生间。小雨还很感性，看到动画片里离别的场面会哭，低落的情绪会一直持续到睡前。在张女士忙时，小雨会主动收拾自己的玩具和衣服，她给公司打电话的声音稍微大一点时，小雨会很乖巧地坐在小桌子前看绘本，然后偷偷观察妈妈的表情。

这一系列的行为被张女士看在眼里，她看了许多关于育儿的书，知道有一种孩子天生敏感，对周围事物的感知更深刻。在知道孩子具有高敏感的特质后，她便非常关注孩子的情绪，时刻注意她是否具有跟从前不一样的行为。

最近，小雨不太愿意去幼儿园，也拒绝去上绘本课。张女士发现小雨这几次从幼儿园回来后有些闷闷不乐，连最喜欢的虾仁都不吃了。她从幼儿园老师那里了解了情况，原来小雨被幼儿园的小朋友孤立了。她对气味太敏感，总是觉得卫生间有味道，所以大家都指着她叫“狗鼻子”。张女士并没有忽视小雨的情绪变化，她跟女儿说：“原来小雨还有这么优秀的潜质啊！你知道有一种狗狗叫警犬吗？”

张女士将警犬帮助警察查案的故事讲给小雨听，转移小雨对“狗鼻子”的注意力。她告诉小雨这是一种特殊的功能，并不是坏习惯。小雨听完故事说：“妈妈，小朋友都不跟我玩，都躲着我。”张女士说：“那小雨下次就跟其他小朋友讲警犬的故事，让他们知道可以闻到气味是很棒的！”

张女士在给女儿小雨传递一种积极的心理暗示，用生动的故事暗示小雨，闻到气味是正常行为，“狗鼻子”也是一种赞美，不让小雨对这件事产生自卑心理。同时，她跟幼儿园的老师沟通，在合理范围内加强对公共区域的消毒和清洁，并且给小雨设置了一个小职务，叫“气味小帮手”，帮助其他小朋友养成良好的卫生习惯。老师借此机会宣传小朋友要讲卫生，这也是一种向上的心理暗示，不仅可以培养孩子的卫生习惯，还能给小雨带来乐观的心态。

一个高敏感的孩子坐在窗前哭泣，窗外，她的妈妈在埋葬刚刚死去的小狗，她和小狗是最好的伙伴，从前经常和它一起遛弯儿。她的爷爷看到了，急忙把孩子领到另一扇窗前，窗外是玫瑰花在盛开，有蜜蜂和蝴蝶在玫瑰花中飞舞。

当孩子沉浸在悲观的情绪中时，家长要给他们看生活中积极乐观的一面，通过语言、动作、神态等，给他们传递一些正能量的心理暗示，引导他们从悲观的情绪中解脱出来，让他们的思想和行动朝着积极的方向前进。

著名学者托马斯认为，大脑中存在的意念是人的身体在发出指令，这些意念可以引起或治愈某些疾病。

托马斯将暗示的力量诠释了出来，消极的心理暗示会使人产生负面能量，影响身体健康和未来的发展趋势。而积极的心理暗示会让人产生动力，对学习和生活充满期待和热情。

对于处于敏感情绪中的高敏感儿童来说，家长经常给他们一些积极的心理暗示，能让高敏感儿童走出思维怪圈，用乐观的心态去接受自己的“小敏感”，从而完成敏感力天赋的转化。

相信孩子会越来越好

作为家长，照顾和教育好一个高敏感的孩子需要付出很多心血。在陪伴孩子成长的过程中，应该相信自己的孩子会越来越好。不过要注意一点，家长首先要照顾好自己，爱自己和相信自己是一切的前提。

如果家长和孩子都具有高敏感特质，我们不妨想象一下高敏感父母抚养孩子的过程会顺利吗？现实生活中也的确存在这样的现象，父亲或母亲其中一方是高敏感人格，孩子也是高敏感儿童。其实这种情况是具有很多优势的。

第一，思考问题的步调一致。都喜欢深思熟虑后再做决定，父母与孩子的生活节奏会很合拍。

第二，对情绪的感知很敏锐，都会受到情绪的影响，因此会格外注意彼此的情绪，家庭成员可以一起面对与解决。

第三，互相不会觉得对方“奇怪”。彼此是同类人，可以敞开心扉去沟通，照顾到对方的感受。

第四，高敏感的成年人拥有丰富的经验，可以预先做好准备，当孩子遇到相似的问题时，大人有相应的解决方法。

第五，家长会给孩子带来榜样作用。孩子的模仿能力很强，身边有个鲜明的榜样，他们也会更有信心去模仿。

但唯物辩证法教导我们，凡事都具有两面性，优势既然存在，相对的劣势也是有目共睹的。

孩子高敏感特质的转化需要经历一个漫长的过程，贯穿孩子整个成长期，要日复一日地坚持和完善。但高敏感的人会一直记挂着一件没有完成的事情。因此在孩子实现敏感力转化前，高敏感的家长往往会很着急，这种焦急和忐忑的情绪也会传染给高敏感的孩子，影响孩子成长。

新手父母或多或少都会焦虑和担心，害怕自己带不好，耽误孩子的成长，毕恭毕敬地按照书本上写的内容养育孩子。育儿专家说：三个月的孩子会翻身，八个月会爬。可自己的孩子三个月了还不会翻身，要在家长的干预下才能很笨拙地翻过来，手臂力量不足，支撑不到三秒又趴下了，于是家长把一颗心都挂在孩子翻身上，三个月、四个月、五个月……直到孩子能够自己翻身。

上述的翻身事件，普通人都会感到焦虑不安，高敏感人群恐怕更苦恼，甚至日夜不安，担心孩子是不是有毛病。反复在网络上搜索相关内容，结果变得更加焦虑，开始怀疑孩子是不是脑瘫。其实我们都知道，除非病理性原因，孩子翻身是分先后的。有的宝宝活泼好动，三个月就会翻身；有的宝宝要晚一些，五、六个月才会翻身，这都是正常的。可是高敏感的人就是控制不住去想，不由自主地将关注点放在上面，引发焦虑不安的负面情绪。

高敏感的父母相信孩子会变得越来越好，可以实现敏感力的转化。但有时会过度强调，超出负荷地鼓励孩子，反而让孩子产生逆反心理，出现负面情绪。这是一种典型的“超限效应”。

什么是“超限效应”呢？让我通过一个小故事来解释一下。

美国著名作家马克·吐温经常去参加教堂活动。有一次他来到教堂，发现一个牧师正在演讲，他认为牧师说得很有道理，于是决定捐一些善款。但这个牧师演讲时间太长了，讲来讲去没完没了，马克·吐温的耐心被一点点消磨掉，最后开始不耐烦，认为牧师的演讲耽误了他宝贵的时间。结果演讲结束后，他一分钱都没有捐，气愤地走了。

心理学将这种刺激过多、时间过久引起的不耐烦心理称作是“超限效应”。

中国古语中的一句“过犹不及”就是一种“超限效应”。过犹不及是指事情做得过度了，反而和做得不够一样。用唯物辩证法来解释就是，量变引起质变，要坚持适度原则。

老一辈的很多人崇尚“棍棒底下出孝子”，坚持“小孩能骂不能夸”，习惯用批评的方式达到教育的目的。适当的批评的确会让孩子产生动力，但过多的批评会引起孩子的逆反心理，尤其是高敏感的孩子，他们可能不作声，但心里是厌烦的。

赞扬和批评一样，都会过犹不及。如果对孩子毫不吝啬地赞扬鼓励，希望他们每时每刻都徜徉在赞美的海洋中，敏感的孩子也会多想，甚至认为家长用了反讽的修辞手法。孩子会产生更多压力，敏感的状态也越来越明显。因此家长在赞扬和鼓励孩子时，也需要节制。

幼儿园里一样大的两个高敏感孩子笑笑和琳琳，笑笑的父母相信孩子，讲究随性自在，对待孩子也格外宽容，用对方法后，一切就交给孩子自己决定；而琳琳的父母则认为孩子还小，需要不断地鼓励，孩子不能做决定，需要大人把控好，免得将来后悔。两个孩子在不同的环境中成长，父母都坚信孩子能够获得高敏感的优势力量，但具体的做法大相径庭，结果也迥然不同。

进入小学后，笑笑变得从容自信，虽然还是喜欢一个人的感觉，但也有要好的朋友，偶尔还会和朋友来一次促膝长谈。但琳琳变得更内向了，没有自信，内心也更加敏感。

面对过多的鼓励，琳琳受到“超限效应”的影响，觉得父母的赞美很廉价，完全没有挑战性。鼓励非但没有转化为动力，反而让她变得自卑，因为她认为父母是在同情她。

敏感的孩子对大人的鼓励也同样敏感，最初听到赞美时，他们是开心的，自信的。但当大人反复强调，一次又一次毫不吝啬地赞美，效果反而会出现偏差。如果孩子不需要努力就可以得到赞美与鼓励，那么努力的意义也就缺失了。

泰戈尔曾说过：“不要着急，最好的总会在不经意的时候出现。”

相信孩子会变得越来越好，相信一切都是最好的安排，信任和支持自己的孩子，同时也要相信孩子的高敏感特质会给他们带来快乐和幸福。

想要孩子成为怎样的人，那么你就先去成为那样的人。如果家长愿意相信孩子，适当放手，还他们童真和自由，那么他们就会随着你的心理暗示一点一点地变好，爱上自己的小敏感，并且经受得住时间的考验。

一切都是最好的安排。相信自己，相信孩子，相信他们的小敏感会成长为真正的优势，然后拥抱幸福。

尾声　爱自己，爱孩子

休完产假回单位上班的第一天，我过度焦虑了。

一直以来我都在调整自己的状态，感到心里不舒服时都会采取“自救”的方法来缓解，颇有一种“久病成医”的既视感。长久以来，我可以清楚地感知来自内心的声音，每当有一点焦虑、不安、恐惧时，我都会第一时间告诉自己停下来，分散注意力，不去多想。

这一次过度焦虑，从它出现的那一刻起，我就感知到了。

我们单位休产假是从孕二十周开始，也就是说可以休十个月。从2020年3月开始一直到年底，由于恰巧处在特殊时期，我很少去公共场所，也很少与人交流，每天除了写作，就是在小区或公园遛弯儿。雨桐出生后，和我交流最多的就是她了。2021年过完元旦去单位报到那天，我发现自己有了社交障碍，对人际交往充满了不安和恐惧。

那天，我接到人事的调令，去营业部报道，我负责的部门有34个品牌145个员工，其中包含十几个难缠的供应商，日后洽谈工作会非常吃力。第一次开早会，面对一百多名员工，黑压压一片站在我面前，我发现自己心跳加快，双手发抖，额头冒冷汗。为了不在员工面前表现出我的恐惧，我极力隐藏自己的情绪，忍着不舒服开完了产后的第一次早会。当人群散去，我才松了一口气，退到无人的地方缓和了一会儿。

真不可思议，我竟然有了轻度的社交恐惧心理。在我尚未从社交恐惧的黑洞里挣扎出来时，高敏感特质的负面影响又轰轰烈烈地上演了，我开始胡思乱想，陷入负面情绪的怪圈。

"我才休完产假回来，孩子才五个月，人事就给我安排到这么重要的部门，人事经理对我有意见吗？她是不是想逼我辞职？难道公司有裁人计划了，想通过这种方法让我主动离开？"

"助理在跟我交接工作时怎么面无表情？她不开心？难道是因为我给她安排的工作太多了？她是不是对我有意见？我该怎么跟下属融洽相处呢？"

"这个部门的张总我并不熟悉，以后的工作该怎么进行？怎么才能得到上级领导的认可呢？"

"刚才开早会时，有几个员工偷偷看我，她们是不是听出来我紧张了？这可怎么办，领导的权威就这么毁了吗？"

"绅士正装的供应商每一个都不能得罪，他们最喜欢越级汇报，直接去找老板，那我就糟糕了！怎么才能做到不卑不亢地谈好事情，却又不得罪人呢？"

瞧，一个高敏感的人陷入胡思乱想中是多么可怕，对未来的未知、彷徨和恐惧、不安和焦虑，都在上班的第一天爆发出来了。对已接收的信息进行深度处理，担心还未发生的事，与人沟通时会恐惧，面对未来会焦虑，在意别人的看法，会受周围人情绪的影响，敏感多疑……

呵，我似乎没救了，控制不住焦虑的心情。

好在我一直都很关注自己的心理健康，心灵上一有些风吹草动就会及时处理，不给心灵“感冒”的机会。

于是我找了个安静的餐厅点了两个最爱的菜，再要一碗银耳莲子羹当甜品，享受美食带给我的愉悦。接着我把目前焦虑的事情一一列出来，预测了一下这些令我感到焦虑的事并不会马上发生。一周以后，可怕的事依旧没有发生，我意识到是我杞人忧天了，于是不再排斥上班。接下来的一个月，我用系统脱敏法摆脱社交恐惧心理，先从简单的人际关系开始，找一个品牌经理或员工交流，从简单的寒暄深入到复杂的工作。一个月后，就算给五百个人开会我也不恐惧了，我发现自己并没有想象中那么紧张，一切都在顺利地进行，恐惧感也在逐渐消失。

接下来我用积极的心理暗示来调节情绪，我告诉自己，兵来将挡，水来土掩，一切都会变得好起来，我会一天比一天好，工作也会一点一点变得顺心。不要焦虑未知的明天，要过好眼下的生活。

敏感力的转化并非一朝一夕就可以实现，可能这一生都在转化的过程中，我们唯一能够肯定的就是，敏感力是以肉眼看不到的形态在转化，我们的状态会逐渐变好。不要急于求成，也不要追求完美，做好自己，寻找到令自己舒服的状态就足够。

道理懂得很多，真正经历人生时却又会遇到各种各样的变数。

作为一个高敏感的人，我并没有否定自己，反而很感激高敏感特质给予我的天赋。爱做梦，喜欢幻想，想象力丰富，所以我会十年如一日地写作，我想要通过自己的绵薄之力帮助更多的人，让更多的人了解和认可高敏感，我希望做一些有意义的事情，让我的人生充满阳光。

我很爱我自己，喜欢自己的小敏感，并且时刻关注自己的心理健康，如果我的“自救”不起作用，我会去找心理医生寻求帮助。但事实上，要治疗心灵上的“感冒”还需要依靠自己，在得到心理医生的指导、家人的支持后，自己也需要积极努力。能够解开心结把自己解救出来的，永远是自己。

所以，爱自己是爱他人的基础，只有爱自己，将自己照顾好，保持身心健康，我们才能更好地爱他人。

作为一个高敏感的成年人，我深知这些“小敏感”会给自己带来怎样的困扰，就算敏感力越来越强，那些困扰我们的小敏感依旧会时不时跑出来刷新一下存在感，就像我休完产假回来上班时的状态那样。成年人尚且如此，更何况是高敏感儿童呢？他们还那么小，那么需要父母的呵护和陪伴、帮助和引导，他们的未来有那么多的可能性，我们真的得做些什么，让他们能够正确认识自己的小敏感，并且将优势发挥出来，促成敏感力的转化。

心理学家伊莱恩·阿伦博士的那句话真的很有道理，她说：“与其长大成人后再去抚平过去的伤痕，不如趁孩子还小时就想办法预防问题的发生，这样做势必简单许多。”

作为一个高敏感的妈妈，其实我也有焦虑感，但孩子出生后被我一一化解了，我想把我的经验分享给同样高敏感的读者妈妈，如果有效果，我会很开心的。

我是一个相对来说比较有耐心的人，面对婴儿的啼哭，我可以面不改色地连续哄五次。孩子哭了，我抱起来，哄好了放下；再哭，我再抱起来，如此连续五次。第六次是我的极限，可孩子哭了，我又不能任由她哭，如果情绪不好时去哄，孩子会感受到的。这个时候有两种方法应对，第一，立刻交给孩子的爸爸，让他有机会成为拯救我和孩子的英雄；如果老公不在，那么就交给我婆婆，我则瘫在床上闭上眼睛自我调整，让情绪稳定下来。假如是全职妈妈，那么就只能用第二种“再试一次”的方法了。

第二种方法需要我们在孩子的哭闹中平复心情，千万别把坏情绪传递给孩子，要告诉自己：“不要焦虑，也别烦躁，宝宝太小了，她一定是因为不舒服才会哭，她需要我去解救，只有我才能拯救她，宝宝没有错，我一定要哄好她。”

于是我第六次抱起我家宝宝，抱着她在客厅来回走，她很聪明，只要我一停下，她就会哭得更厉害。我需要一边走一边轻轻地拍她，并且轻声对她说：“雨桐乖，不哭了哦，你自己睡不着，妈妈拍着你，你就可以睡啦。不要怕，妈妈在身边保护你，妈妈一直都在。”

我家宝宝连续哭好几次是因为没有睡好，属于特例，各位宝妈一定要从宝宝的实际情况出发，如果是因为发烧感冒或肠绞痛等病理性哭泣，一定要及时看医生，交给专业的人去处理。

成为妈妈后，我的心变得更柔软，不想让她受到任何伤害，希望她可以平安长大。我会尽力去做一个好妈妈，管控自己的情绪，在养育孩子的同时，和她一起成长。

这本书送给我的宝宝，希望她可以永远快乐。

我们都是茫茫人海中最普通的存在，但在爱我们的人面前，却又是闪闪发光的存在。

从此刻起，爱自己，爱孩子。世界那么大，还有更广阔的天空、更动人的星辰、更澎湃的大海等着我们去寻找。

所以，一定要好好生活呀！